Kurz · Salome Alt

E. R. KURZ

SALOME ALT

Aus dem Leben einer schönen Frau
und einer schönen Stadt

VERLAG DAS BERGLAND-BUCH

Schutzumschlaggestaltung: Rainer Fried. Heinrici
Bildnachweis: Landesbildstelle Salzburg: 1, 5, 7, 8
Salzburger Landessammlungen – Residenzgalerie: 3
Schmiedbauer: 4, 6
Erzabtei St. Peter: Titelbild, 2

ISBN 3-7023-0193-3
© 1987 by Verlag »Das Bergland-Buch« Salzburg
Gedruckt und gebunden bei Ueberreuter, Wien

Meiner lieben Mutter zugeeignet

„Nicht schelten, Margret, nicht schelten!" Eine warme Mädchenhand schlüpft der Alten unter den Arm und gleitet zu den abgearbeiteten Fingern vor, während eine runde Wange sich schmeichelnd an dem feuchten Umhang der Magd reibt. „Ich weiß, Margret, es ist ganz schlecht von mir, daß ich dich so warten lasse — ganz, ganz schlecht —, aber was ahnst denn du, Margret! Was ahnst denn du!"

Ein tiefer Seufzer, der aber auch nur der Abschluß des raschen Laufens sein kann und eigentlich recht wenig Bedrücktes an sich hat, hebt die Brust des erhitzten, hübschen Kindes, wie es nun die Alte mit sich fort zieht in den sinkenden, nebeligen Novembertag hinein, den schmalen, feuchten Steig am Fuße des Mönchsbergs entlang.

Der Weg ist glatt und schlüpfrig vom abgefallenen Laub, und die Alte kann dem jungen Mädchen kaum folgen, das leichtfüßig dahineilt, mit brennenden Wangen, so viel Wärme und Jugend verströmend, daß Vorwurf und böse Worte schrumpfen im Herzen der Dienerin. Ihr klägliches: „Was tät dein Vater sagen, Salome?" hat schon kein Gewicht.

Salome Alt, des Stadtrates Wilhelm Alt jüngstes Kind, weiß gar wohl, was ihr Vater sagen würde, aber sie will es nicht bedenken und sie springt vor solchen Erwägungen sich selbst davon, hinein in die Enge der Gäßchen.

Als echtes Salzburger Kind weiß sie jede Abkürzung und jeden Durchgang zu nützen, und gewandt schlüpft sie an den dicken, alten Mauern dahin, ändert ein paarmal die Richtung und schreitet plötzlich langsam und bedächtig, als käme sie von der Getreidegasse her, über den Markt und verhält vor einem der alten Patrizierhäuser.

Ehe sie die Hand auf den Klopfer legt, wendet sie sich noch einmal an die Alte, und ihre Stimme bettelt weich und kindlich: „Sei gut, Margret — ich bin ja so glücklich!"

Dann fällt der Klopfer gegen das eisenbeschlagene Tor, und gleich werden dahinter muntere Stimmen laut. Ein baumlanger junger Mensch öffnet, und im Gewölbe drängt sich ein heiteres Völklein, quillt die Treppe herunter, lachende, übermütige, wohlbehütete Söhne und Töchter aus den alten Bürgerhäusern rundum, die sich zusammengefunden haben zu fröhlicher Geselligkeit.

„Nun, endlich!" ruft eine kleine, rundliche Blondine vorwurfsvoll, „Hans Eppensteiner wollt' uns schon davonlaufen, weil du nicht kommst, wir andern sind ihm ja nicht gut genug!"

Sie lacht dem langen Burschen herausfordernd zu, der Salome eingelassen hat. Aber der sieht sie gar nicht. Hans Eppensteiner, der nun zwei Jahre von Salzburg fort war, seines Vaters Geschäftsfreunde kennenzulernen in England und im sonnigen Italien, steht und schaut. Er schaut die Salome Alt an, die jüngste Schwester der Altbuben, mit denen er groß geworden ist und die er kennt noch aus der Zeit, wo sie den Zuzel im Munde hatte und auf strammen, unbeholfenen Beinen den großen Brüdern nachstrebte, die sie als Spielzeug behandelten, das man hernimmt und wegstellt nach Belieben. Diese kleine Salome steht nun, schlank und rank herangewachsen, vor ihm, und es ist wahrhaftig richtig, was die Gefährten ihm erzählten, daß des Kaufmanns Alt Töchterlein der Hübschesten eine aus der Stadt sei. Ihm will scheinen, nicht nur aus Salzburg, sondern rein von allen Städten, und er hat genug Städtchen und Mädchen gesehen in den letzten zwei Jahren. Und sie ist gar nicht schüchtern und kichert nicht so sinnlos drauflos, womit ihn die kleinen Gänschen hier im Haus nun schon den ganzen Nachmittag ärgern, sondern sie legt eine feste kleine Hand in seine breite Tatze, und ein warmer Blick trifft ihn frei aus ihren schönen Augen: „Ach, du bist die Überraschung, Hans, die mir Elsbeth für heut versprochen hat — wenn ich das gewußt hätte!"

„Da wäre vielleicht sogar unsere stolze Salome früher gekommen!" poltert Rupert, des Hauses Sohn, und Hans Eppensteiner legt noch eine zweite Hand um die kleine und sagt gegen seinen Willen eindringlich: „Wärst du das wirklich, Salome?"

„Natürlich", lacht das Mädchen, aber wie auf halbem Weg hält es ein, als es das freudige Aufleuchten in des Mannes Augen sieht, und schickt ein abschwächendes „Vielleicht" nach, während ihr Blick plötzlich etwas Abwesendes, Fremdes bekommt, so daß Elsbeth die Freundin an der andern Hand schüttelt, als müßte sie sich und die ganze Gesellschaft ihr wieder zum Bewußtsein bringen.

„Da hast du es, Hans: ‚vielleicht!', sogar für dich auch nur ‚vielleicht', aber immerhin doch ‚vielleicht', das ist bei unserer Salome schon viel!"

Salome weiß plötzlich ganz genau, daß sie nicht eine Minute früher gekommen wäre, und wenn zehn Hans Eppensteiner auf sie gewartet hätten. Aber der lange blonde Bub tut ihr von Herzen leid, und sie wendet sich ihm tröstend zu: „Laß die Elsbeth schwatzen, ich freu mich, daß du wieder hier bist, und diesmal war es wirklich eine feine Überraschung."

Das Mädchen nimmt seine Gedanken gewaltsam zurück von dem Steiglein am Mönchsberg, wo es hergekommen war, die verwachsene Hecke entlang, zu dem alten, hölzernen, bretterverschlagenen Gartenhäusel, in dem es eigentlich kalt und zugig gewesen sein müßte, und wo ihr doch so warm geworden war, so recht von Herzen warm und gut, als wäre es eine Mainacht und nicht Novembernebel, der gnädig alle Sicht verhängt, die einem Liebespaar gefährlich werden könnte.

Nein, solche Gedanken sind nichts in dem Patrizierhaus am Markt, und noch viel weniger passend, daß sie des Stadtrats Alt Töchterlein denkt, von dem sie alle glauben, daß es nur eben vom Milchmarkt (wahrscheinlich die heutige Sigmund-Haffner-Gasse, Nr. 6), wo sein Geburtshaus steht, herübergelaufen kam.

„Wir wollten", plaudert Elsbeth munter drauflos, „dich schon holen gehen, du findest doch nie heraus aus eurem Gewölb, als wenn sie deine Rechnerei schon brauchen täten!"

„Das ist nur schön, wenn eine Frau auch etwas vom Geschäft versteht!" hakt der junge Eppensteiner ein und deutet sich den dankbaren Blick des jungen Mädchens wieder einmal falsch, denn er bekam ihn nur, weil sie durch seine Antwort der Freundin nicht mehr Rede stehen muß.

Die schöne Salome aber denkt etwas bestürzt, was wohl gewesen wäre, wenn Elsbeth wahrhaftig die ganze Meute zu ihrem Vaterhaus in Bewegung gesetzt hätte. Wo doch seit gut zwei Stunden keine Salome mehr war, weil sie es gar so eilig hatte, zu Elsbeths Klatsch zu kommen. Wie hatte ihr Vater doch gesagt, als sie mit flüchtigem Abschiedskuß davonsprang: „Daß du jetzt gar so gern auf Ratschereien gehst, es war doch sonst nicht deine Art!?"

Fast dauert sie der Vater, daß er glaubt, sie läuft müßigem Wortgeplänkel nach, wie es den jungen

Mädchen von eh und je so Spaß macht zwischen Kindheit und Frauentum. Und doch ist's gut so. Es ist auch gut, daß der Stadtrat Alt eine mehr ernste, zurückhaltende Art hat, daß außer einem scheuen Gruß es keine Freundin wagt, ihm etwas vorzuplaudern. So bleibt es seinem Töchterlein erspart, sich auf einer Unwahrheit ertappen zu lassen, weil einer Freundin Redebrünnlein gar zu munter plätschert. Daß sich die junge Salome dem Hans Eppensteiner nun so eifrig zuwendet, geschieht auch mehr aus der Freude, einer Gefahr entronnen zu sein, als aus einem inneren Bedürfnis.

Sie fragt, was ihn, seit er aus der Fremde zurück ist, alle immer wieder fragen, doch diesmal gibt der Hans die Auskunft gern. Zu hübsch ist dieser rote Mund. Und bald haben sich die zwei in eine der tiefen Fensternischen zurückgezogen, die auf den Markt hinausgehen, der nun schon ganz im frühen Abenddunkel liegt und wo nur vereinzelte Windlichter gespenstisch zittern.

Die Salome fragt in die Nacht hinaus, ob man noch gern in diese düstere Heimat geht, wenn man das heitere Italien einmal gewöhnt. Den Hans verwundert solche Rede schier, und er sagt unumwunden, daß doch die Heimat am allerschönsten sei. Er fragt erstaunt zurück, wie ihr nur überhaupt solche Gedanken in das hübsche Köpfchen kämen.

„Nun, weil es hier so feucht und dunkel ist, wenn im Herbst die Nebel aus der Salzach kriechen und sich hineinfressen in das alte dicke Gemäuer, während dort unten immer blau der Himmel ist, und blaues Meer rollt an schneeweißen Strand, an dem sich marmorne Paläste in die Lüfte heben, umgeben von immergrünen Orangen- und Zitronenhainen. Weil dort die Leute immer singen und bunte Kleider tragen, wie bei uns kaum je zur Fastnacht."

„I wo, das ist nicht immer so", verwahrt sich ernst der Eppensteiner. „Dafür haben sie dort unten grausame Hitze in der Sommerszeit, und kein kühler Lufthauch kommt von den Bergen. Alles hängt so matt und staubig, daß man zum Denken noch zu faul wird. Und keinen Schluck klaren Wassers gibt's, weil einen sonst das Fieber packt, und dicke Wolken böser Mücken machen selbst noch die tiefste Nacht zur Qual. Da trinken sie dann ihren roten Wein und schwätzen, bis daß der Morgen graut. Und planen viel und tun wenig; sind wie die Kinder, Lachen und Tränen in einem Sack, haben Freude an den bunten Lappen wie die Zigeuner, doch stolzieren sie daher mit feinzisleriertem Degen, den sie sich wegen eines Nichts hinterrücks hineinrennen — ein unverläßliches Volk!"

Nein, ihn, den Hans, kann das Italien nicht locken! Gewiß, sie haben schöne Bauten und schöne Weiber, doch so viel Dreck! Und Öl und Fisch stinken durch das ganze Land. Ihm war erst wohl, als er die ersten schneebedeckten Berge wieder sah. „Denk, Salome, jahraus, jahrein kein

Schnee, kein Nadelbaum, außer ihren traurigen Zypressen und den grauen Pinien. Kein ordentliches Feuer aus Buchenscheitern! Wie schön haben wir es daheim!"

Der Hans reckt sich und wirft sein blondes Haar zurück, das sich ihm immer wieder in die Stirne lockt.

Über das Gesicht der Salome huscht ein halbes Lächeln, als sie dem ebenmäßigen Riesen in die ehrlichen blauen Augen sieht, die ihre natürliche Kühle verloren haben, als er die Heimat preist. Sie muß denken, daß es doch seltsam hergeht in der Welt, wenn zwei dasselbe sehen und beschreiben. Wie hat der junge Raitenauer heute ihr gesagt?

‚Du solltest einmal nur den Süden sehen! Du würdest ewig frieren in eurer muffigen Stadt. Euer Land ist schön, doch schau nur, wie sie sich unnütz drängen in dem feuchten Winkelwerk! Da sitzen die reichsten Leute im dunklen Gewölb und scheffeln Geld und sehen kaum ein Stück vom blauen Himmel, geschweige denn den Sonnenschein. Und ihre Kinder werden groß und kriechen wieder in dieselben Löcher. Und so geht's weiter durch die Jahrhunderte. — Ich sollte die Macht haben, ich risse ihnen diese Häuser ein und machte Luft! Ich würde weite luftige Plätze schaffen, wo der Wind die Pfützen trocknen kann, nicht solche Tümpel dulden zwischen den menschlichen Wohnungen, die das ganze Jahr gleichsam schwären und das Ungeziefer nur so heranwachsen lassen und mit ihm die Krankheiten. Ich würde ihnen zeigen, was Bauen heißt, verlaß dich drauf!'

Wie hat er noch gesagt?

‚Ich würde dir, süße Salome, ein Schloß bauen, um das rundum die Sonne liegt, und Gärten, so traumhaft schön, mit allem, was nur üppig sprießt und blüht, und du wärst die schönste Blume drin. Springbrunnen würfen Wassermassen hoch, und wenn's dich freut, zwingt deine Hand sie zur Ruh. Jede Lustbarkeit stünde dir bereit, von einer lautlosen Dienerschaft betreut, wie es die schönen Fürstinnen in Italien gewöhnt sind und wir hier im Norden es höchstens träumen.'

Was sagte Hans Eppensteiner eben? Salome Alt schrickt zusammen, denn der blonde Hüne fragt noch einmal:

„Erinnerst du dich noch?"

„An was erinnern? An eine Schlittenfahrt? Ach ja, die Schlittenfahrt!"

„Als anno 1574 der strenge Winter war! Ich weiß genau, du warst knapp deine sechs Jahr, und wir hatten dich wohlverpackt aufgeladen. Weiß der Himmel, warum das Roß damals scheute, vielleicht erschreckten es die Weiden, die so im Winde schwankten an der Salzach!"

„Ja", fällt Salome erleichtert ein, daß sie nun wieder bei der Sache ist, „und ihr warft um, und während sich die Brüder um Roß und Wagen mühten, hast du's doch der Mühe wert gefunden, nach dem kleinen Mädchen zu sehen! War lieb von dir, ich wär gottsjämmerlich erstickt in meinem Schneehaufen, in dem ich kopfüber stak, die Händ mit eingewickelt in der dicken Wagendecke!"

„Wollen wir wieder einmal Schlitten fahren, Salome? Heut werf ich nicht mehr um! Schau diese Hände an, die zügeln wohl ein Roß, meinst nicht?"

Hans weist sie ihr lachend vor, die starken, gutgeformten Männerhände, denen man sich wohl anvertrauen könnte, wenn — ja wenn!...

O Salome, warum kannst du nicht fröhlich planen für eine Schlittenfahrt im Winter bei kristallhellem Sonnenschein, die Salzach entlang, wenn die alten Berge rundum verzuckert stehen und die Festung daliegt wie ein verzaubert Märchenschloß? — Du kannst rein gar nichts mehr, was andere junge Mädchen können, deren Recht es ist, mit ihresgleichen unbekümmert fröhlich zu sein. Und mit dem Bubenvolk ein leise lockend Spiel zu treiben, in allen Ehren selbstverständlich, doch zaghaft vorübend für die große Zeit, wenn die Frauenhaube ihnen neue Würde und noch ungeahnte Lasten bringt. Man sagt dir nach, Salome, du seiest stolz, und Hochmut läßt dich kindischem Vergnügen abhold sein. Sie sagen, du bist kalt, und alle Freundinnen sind sich einig, daß du auch ein bißchen dumm bist, weil du dein hübsches Lärvchen gar so wenig nützt dem Mannsvolk gegenüber. Doch gerade darum sind sie dir gut, und du bist gern gesehener Gast in jedem Haus. Denn was um deine Schönheit schwärmt, fällt eines Tages ärgerlich zurück an einer anderen Mutter Kind, das nicht so hübsch wie du, doch nicht so spröd ist. Man kann dir gut den ersten Liebeskummer anvertrauen, und du mißbrauchst dein Wissen nicht. Doch nie noch hast du Rat gesucht bei einer Freundin. Ein seltsam störrisch, verschlossen Ding bist du, wenn man einmal versucht, dich auszuholen, wie es steht mit deinem Herzen. „Ich habe keines!" behauptest du und lachst, und wenn sie dringlicher werden, dann bist du schnell dahin, und die neugierige Fragerin kann lange warten, bis sie dich wieder einmal zu einem trauten Zwiegespräch erhascht.

Daß du heute mit Hans Eppensteiner so lang im Erker sitzt, ist neu und unerwartet. Der blonden Elsbeth läuft es gegen den Strich, denn sie mag Hans gut leiden. Sie hat sich wohl erhofft, du nimmst sie mit in den Erker, und sie streicht schon die längste Zeit herum, einen passenden Vorwand abwartend, wo sie sich wieder einschalten kann, wenn du so häßlich den Hans für dich allein behalten willst.

Elsbeth kann freilich nicht ahnen, daß dieser Hans in dir ein altes, längst verschüttetes Gefühl wachgerufen hat, das nichts mit Liebe zu tun hat, aber fast noch wertvoller ist. Die Schlittenfahrt von damals und ihr gutes Ende in allerletzter Minute haben in dir ein Vertrauen zum Eppensteiner aufgerufen, und wenn du nun sagst: „Es wäre schön, es käm im Leben immer einer und zög uns raus, wenn wir wo hineingeschlittert sind, wo wir nicht hingehören!", so meinst du es sehnsuchtsvoll und denkst nicht an Schnee und Eis, ja eigentlich gar nicht an etwas Bestimmtes, Scharfumrissenes. Sondern der Satz wurde dir nur so eingegeben von deinem unruhigen Herzen.

Der Eppensteiner lacht. „Na, hörst du, Salome, du wirst mir gar nicht wo hineinfallen, verlaß dich drauf! Das wär noch schöner!" Und seine blonde Ahnungslosigkeit hat kein Arg.

„Was hör ich da vom Schlittenfahren?" mischt sich die kleine Elsbeth ein, froh, daß ein Wort fiel, das die Zweisamkeit der beiden stören läßt. „Wollt ihr den Winter jetzt schon herbeschwören? Erst feiern wir wohl noch bei Regen und Sturm deinen Geburtstag, Salome, du garstiges Novemberkind, das einem nie gönnt, im neuen Kleid das kurze Stück vom Marktplatz bis in die Pfarrgasse ohne Dreckspritzer hinter sich zu bringen. Bestell dir nur wieder einen Sturm dazu, daß die Schindeln von den Dächern fliegen und wir bei dir ankommen, zerzaust und zerrupft, damit du in deiner Pracht, wohl geleckt und gut gestriegelt, recht abstichst, wenn wir einziehen wie die Hexen und mit roten Nasen unser Sprüchlein stammeln! — So war es voriges Jahr, Hans, und verlaß dich drauf, sie teilt den einundzwanzigsten November sich wieder so ein! Ich hab noch keinen Geburtstag von Salome erlebt, an dem wir armen Gratulanten nicht gewatet sind zu ihr."

Die blonde Elsbeth wird richtig ärgerlich, als sie dem Hans die schlechten Aussichten für das Geburtstagswetter der Freundin schildert, und zieht ein beleidigt Schnäuzchen, als ihre beiden Zuhörer hell auflachen und Salome sie übermütig herumschwenkt und ihr verspricht: „Gewiß, Elsekind, das schlechte Wetter sollst du haben. Und Hassan, unser Hund, wird dir entgegenspringen durch die größte Lache und dann an dir hinauf, dir beide Pfoten auf die Schultern legen und dir über die rote Nase lecken, daß sie wärmer wird — und das ist noch nicht alles!" Sie hält die Elsbeth fest, die sich beide Hände an die Ohren drücken will in komischem Entsetzen, dem doch ein Quentchen ehrliche Angst beigemischt ist. „Du wirst dir an meinem Geburtstagsessen das schönste Kleid bekleckern und ausrutschen, wenn du mit Hans Eppensteiner tanzt — oder nein, was noch viel schlimmer ist —, keiner wird tanzen mit dir an meinem Geburtstag! Keiner, kein einziger!"

Die arme Elsbeth hat die blauen Augen so weit aufgerissen, daß man fürchten könnte, sie rollten ihr weg, und ihr weicher Kindermund zittert schier kläglich ob solch kläglicher Wahrsagung, daß sie die Salome dauert und sie es wieder gutmacht.

„Doch dafür bekommst du jetzt Hans Eppensteiner, ganz für dich allein, denn ich muß heim und hol mir meine alte Margret."

Und ehe sich die andern recht bedacht, ist sie davongesprungen, hinunter in die gewölbte Küche, wo an dem Riesenkachelofen die Magd beim Hausgesinde sitzt.

„Wir gehen, Margret", sagt das Mädchen rasch, und die Alte erhebt sich gehorsam, doch kaum daß sie auf den Füßen steht, schwankt sie, und hätte die dicke Vev, des Hauses tüchtige Wirtschafterin, nicht zugegriffen, sie wäre wohl gefallen. Die Salome ist rasch dabei, und ehrliche Sorge nimmt das Lächeln und allen Übermut von ihr, als sie nun bei Margret kauert und ihr ängstlich in das runzelige Gesicht sieht, während sie ihre jungen Hände um die alten legt:

„Was hast du, Margret?" und weiß gleich, daß die Alte ein hitzig Fieber befiel und böse Krankheit in den matten Augen hockt, die ihr beruhigend zulächeln wollen und doch so schwere Lider haben, daß sie sie kaum noch offenhält.

„Ach, Jungfer Salome, die Margret ist wohl zu arg naß geworden, es ist nicht gut das feuchte Wetter für ein altes Leut!" meint die Vev und nimmt den Umhang der Magd von der Trockenstange am Herd und schüttelt ihn mißbilligend: „Ich hab sie recht gescholten! Im Hause Alt ist es nicht not, daß sie so herumrennt, das weiß ein jeder. Da gibt es jüngere Füß, die gerne für sie laufen! Doch so ein alter Eigensinn — geb's Gott, daß sie nicht einen Schaden davonträgt für immer!"

Es werden schlimme Tage in diesem November für Salome Alt. Die alte Margret liegt in ihrer Kammer, und es nützt wenig, daß sie den Bader holen und er ihr Schröpfköpf setzt und Salome den besten Wein hitzt mit dem teuersten Gewürz aus ihres Vaters Gewölb.

Die alte Margret will sterben, vielleicht gar nicht so ungern vor der Verantwortung sich davonstehlen, daß ihre vielgeliebte Salome sich mit dem Domherrn Wolf Dietrich von Raitenau wohl kaum zum Rosenkranzbeten heimlich trifft.

Im Fieber kämpft sie mit dem Mann um das ihr anvertraute Kind, und Salome sieht schaudernd, wie die arme Seele sich müht, sie loszureißen aus dem unselig-seligen Geflechte, in das verbotene Liebe sie gejagt. Sie hört sich Pfaffenliebchen nennen, und die treue Dienerin weint verzweifelt, weil sie es selber glauben muß, noch in ihrer Krankheit bemüht, das böse Geheimnis ihrer Salome zu wahren.

Es ist eine bittere Zeit. Das Mädchen ist Tag und Nacht bei der alten Frau, und es hat sich in der Kammer daneben häuslich eingerichtet, damit es nur ja immer gleich zur Hand ist. Aber es will die beste Pflege hier nicht helfen. Versunken ist fast die Erinnerung an Wolf Dietrich in dem Meer von Kummer, den Salome sich um das alte Kindermädchen macht, und ihre Herzensangst treibt wunderliche Händel mit dem lieben Gott: „Ich lauf nie mehr ins Gartenhäusl, wenn du Margret gesund werden läßt!" hat sie ihm vorgeschlagen, und ihr will scheinen, seit diesem Angebot ginge der Atem der Kranken ruhiger. Schon hofft ihr verzagtes Herz und ist ein kleines bißchen stolz auf sein Opfer.

Doch nun knistert ein Blatt Papier in ihrer Hand und läßt alles wieder auferstehen. Der lange Seppei hat es ihr gebracht, der Laufbursch ist in ihres Vaters Geschäft und nicht ganz gescheit, aber der Salome treu ergeben. Er kam heraufgepoltert mit dem Zettel und wisperte dröhnend geheimnisvoll, Herr Janschitz, des Raitenauers Diener, hab hier ein Tränklein aufgeschrieben für die alte Margret, und Jungfer Salome soll nicht zögern, es der Kranken wohl zu geben, auf daß die treuen Kunden sie nicht ganz an die Krankenpfleg verlören. Ihr frisch Gesicht werde schwer vermißt in dem dunkeln Gewölb.

Der Seppei richtet getreulich aus, was man ihm aufgetragen, auch daß Herr Janschitz wieder fragen käme — recht bald —, wie es der Kranken angeschlagen hat.

Tief ist die Falte in Salomes Stirn, als sie den

Zettel liest. Sie kennt die Hand wohl, die da schreibt: „Wann kommst Du, süße Salome?"

Ein klarer, kurzer Satz, empörend unumwunden! Heiß steigt es ihr in die Wangen, wenn sie daran denkt, was wohl geschähe, wenn dieser Zettel von dem Halbnarren in andere Hände gegeben worden wäre. Das ist echt Wolf, der ohne Rücksicht seiner wilden Sehnsucht die Zügel schießen läßt.

Die Salome preßt die Lippen fest aufeinander und winkt dem Seppei zornig ab zu gehen, daß der verdutzt die Stiege wieder hinunterstolpert, in seinem einfältigen Herzen betroffen erwägend, warum seine junge Herrin eigentlich so undankbar sei für einen guten Rat. Er nimmt sich vor, doch morgen wieder anzufragen und Herrn Janschitz nichts zu sagen von dem Ärger, der der Salome aus den Augen blitzte.

Das Mädchen aber wirft den Zettel zerknüllt im Bogen in den Wassereimer und fischt ihn doch wieder heraus, weil es sie nicht sicher dünkt und nur das Feuer die verräterischen Worte wirklich frißt, die so schon in ihrem Herzen eingeprägt sind und neue Wirren über sie bringen. „Wann kommst du, süße Salome?" singt es in ihren Ohren, und der Zorn verraucht, weil ihre Sehnsucht sich trifft mit der des ungestümen Mannes.

Sie ertappt sich beschämt, daß sie denkt: „Wie kann ich denn jetzt weg, wenn ich krankenwarten muß, du dummer Mann!" wo sie doch jüngst erst mit dem lieben Gott den Handel für immer abgeschlossen hat wegen der Margret.

Die Kranke wirft sich unruhig hin und her. Und Salome nimmt es als Zeichen, daß ihr leiser Wunsch nach dem Raitenauer der armen Alten neue Schmerzen bringt, und will in Zukunft auch die geheimsten Gedanken schärfer bewachen und sich demütig den Wolf ausrotten aus Herz und Hirn.

Doch der Raitenauer ist keiner von denen, die sich beiseite stellen lassen. Daß auf seinen Zettel keine Antwort kommt, rechnet er der Salome nicht als Absage an. Denn das, was er ihr längst im Gartenhäusl aus den Augen abgelesen hat, war nicht falsch zu verstehen. So sind es nur das Mißgeschick der Krankheit und unbeholfene Mädchenangst, die ihm die Geliebte nicht gönnen, und an ihm liegt es, dem abzuhelfen.

Er tut es in einer Weise, die der Salome Todesängste eingetragen hätte, hätte sie es vorher gewußt. So aber nickt sie ihrem Vater dankbar zu, als er ihr eines Tages sagt, er werde ihr den Bader zu der Margret schicken, den der Janschitz immer holt für seinen eigenen Herrn. Soll ein gar grundgescheites Haus sein, wahrhaftig besser als die gelehrten Medici der Stadt.

Wohl ahnt ihr, daß der Empfohlene neue Botschaft bringen wird vom Raitenauer, doch ist sie fest entschlossen, harthörig zu bleiben. Sie ist ihrer so sicher in den letzten Tagen geworden in der Krankenstube, daß sie gleichmütig dem Heilkünstler gegenübertritt, den der lange Seppei ihr die Stiege hinaufweist.

Es dämmert schon, als der Erwartete kommt, und die Salome will schnell die Ölfunzel anzünden, daß der kluge Mann die Kranke besser sehen kann, als eine schlanke Hand abwehrend aus dem dunklen Umhang schlüpft und eine wohlbekannte Stimme leise sagt: „Erschrick nicht, Salome, mir dauert es zu lang!" und dann in verstelltem Ton salbungsvoll fortfährt: „Laßt nur, Jungfer, ein guter Arzt weiß aus Puls und Atem genug!"

Der Salome verschlägt es die Rede. Verflogen sind die guten Vorsätze, mit denen sie ihr Herz gepanzert hat gegen ihre sündhafte Liebe. Sie kann nur zitternd tun, was dieser Mann verlangt.

„Holt mir ein Glas frisches Wasser, Jungfer! Ich will Eurer Margret ein gar gutes Tränklein geben, aber es hat Bitternus in sich, und sie mag's wohl hinunterspülen mit einem Trunk. Es nimmt die Hitzen und läßt den Atem ruhig gehen!"

Die Margret schluckt gehorsam, und jäh wird sie friedlich. Legt den grauen Kopf zur Seite, und das mühsame Atemrasseln wird nun leicht und fast unhörbar. So plötzlich, daß die Salome die Angst anspringt, die Margret könnt das Atmen ganz vergessen. Sie klammert sich mit einem entsetzten: „Was hast du ihr getan mit deinem Trank?" an den Geliebten. Der aber hält sie fest und nimmt sie in den Arm. Tröstende Worte fallen mild wie Balsam auf ihr furchtsam Herz, und sie will gerne glauben, daß den Wundertrank der Raitenauer vom besten Arzt für schweres Geld erstanden hat, nur um ihr, der Salome, den Kummer zu nehmen.

Daß er sich einschleicht wie ein Dieb, das hat sie bereits verziehen. Und wieder lodert hell die Flamme, die sie verschütten wollte mit allen Wenn und Aber, die ihr die gute Sitte vorschreibt.

Es versinken Zeit und Raum dem verliebten Paar.

Des Tages Rest ist längst verloschen hinter den Fenstern, und nur das Feuerlein bleckt aus der Ofentür und malt die Schatten riesengroß an die Kammerwände.

Da fliegt ein heiserer, matter Schrei durch das Zimmer und schreckt den Mann von seiner schönen Beute.

Das alte Weiblein sitzt aufrecht im Bett in ihrem rupfenen Hemd und ihre mageren Arme krallen sich beschwörend in die Luft, als sie mit fliegender Brust hervorstößt: „Schämt Ihr Euch nicht, Herr von Raitenau?! Wollt Ihr eines ehrsamen Bürgers Kind noch unter seinem eigenen Dach in die Schande bringen!"

Die Salome ist an der Margret Bett gesprungen und will die Alte in die Kissen drücken. Die

Tränen laufen ihr über die heißen Wangen, aber die Kranke schiebt sie mit ungeahnter Kraft beiseite, und ihre Augen saugen sich gebieterisch an dem jungen Domherrn fest, daß dem jeder freche Mut verlorengeht und ihre heisern Worte ihm wie Hammerschläge in den Ohren dröhnen.

„Fluch Euch, Herr, ewiger Fluch, wenn Ihr dem Kind ein Leid tut! Und verlaßt Euch darauf, ich laß den Herrgott nicht vergessen, vor dem ich wohl bald steh. Und hab ich die Salome im Leben nicht schützen können vor Euch, so räch ich sie im Tod. Keine Stunde sollt Ihr froh werden, und müßt ich selber auf die ewige Seligkeit verzichten!"

„Margret!" schreit die Salome, „Margret, fluch nicht!" und wirft sich wie schützend vor den Geliebten. „Denn fluchst du ihm, so triffst du mich, ich hab ihn doch so lieb!"

Der Raitenauer fängt das Mädchen auf, das haltlos schluchzend zusammenbricht, und was ihm verwegenes Spiel war, ist plötzlich heiliger Ernst, als er dem verstörten Kind die Haare aus der Stirne streicht und sich für ewig bindet: „Laß sie nur fluchen, deine alte Margret, sie kann mir nicht an. Denn, was auch immer kommen mag, ich steh zu dir, und niemals wird sie dich rächen müssen. Du wirst mein Weib vor Gott und dem Priester, und diese alte Frau soll Zeuge sein, auf daß sie Ruhe hat in Ewigkeit!"

Der Raitenauer ist aus der Stube draußen, und

die beiden Frauen sind allein, als wäre alles nur ein Spuk gewesen.

Die Margret ist stöhnend wieder in ihre Kissen gesunken, und die Salome versucht mit kühlen Tüchern und stärkenden Essenzen, ihr Linderung zu bringen.

Es fällt kein Wort über den ungebetenen Gast und sein seltsames Versprechen. Die Krankheit aber springt mit neuer Kraft den siechen Körper an, und keine Heilung gab der betäubende Trunk, nur eine kurze Ruhepause.

Die Totenuhren aber ticken laut in dieser Nacht.

„Du hast wohl vergessen, was Blutsbruderschaft ist, Thun?" funkelt der Raitenauer den andern Domherrn an. „Was hast du damals geschworen, als ich dir den Richter vom Leib hielt? — Ach, du bist dein Lebtag ein feiges Aas gewesen und säufst den Wein nur, wenn er dich nichts kostet. Du warst bei jedem Mummenschanz dabei und stecktest gerne hinter einer Larve, selbst wenn es dir nur einen armselig liederlichen Spaß eintrug. Nun wirst du einmal etwas Anständiges spielen, einen richtigen Gottesmann, und gnade dir der Himmel, wenn du aus der Rolle fällst! Du wirst dem besten Mädchen seine Seelenruhe geben und einer alten Frau das Sterben leicht machen. Auf, vorwärts, da ist die Kutte, wie es sich für diesen Zweck geziemt, da sind die Eheformeln und hier die Krankengebete! Du wirst sie beide nötig haben, und sei versichert, daß ich genau bin in diesem Fall. — Stell dich nicht so dumm an und red mir etwas von deinem Gewissen! Das kenn ich schon zu lange und zu gut!"

Es sind keine milden Worte, die der Raitenauer für den Mitwisser hat, und der will empört aufmucken. Doch dreht und windet er sich kläglich unter der harten Rede und weiß schließlich nur zu gut, daß es keinen Pardon gibt, wenn dieser eigensinnige Mann etwas will.

Der Thun ist wahrhaftig kein Spaßverderber, aber das Vorhaben geht ihm denn doch zu weit. Und es ist ihm wirklich ernst, als er sich noch zum letztenmal sträubt: „Du versündigst dich, mit einem Sakrament spielt man nicht! Und wenn uns solches das Kapitel nachweist, sind wir verlorne Leut!"

Doch da braust Wolf Dietrich auf: „Wer spielt mit einem Sakrament? Ich halt das Sakrament der Ehe, verlaß dich drauf! Und daß du, unwürdiges Subjekt, es mir und der Salome spenden wirst, ist ganz unwichtig. Eine Nottauf kann auch der ärgste Lump geben und ist unserm Herrgott recht und billig, und das wird gar nichts anderes. Es gibt der armen Alten, an der die Salome hängt, als wäre sie ihr eigen Fleisch und Blut, die Ruh, und damit dem Mädel auch. Und daran liegt mir, Thun. Doch das verstehst du nicht! Das Weibervolk, mit dem du herumhurst, hat das nicht nötig. Doch die Salome hat es nicht verdient, daß sie sich wegen ihrer ehrlichen, sauberen Liebe Kummer macht."

Der Domherr Johann Anton von Thun schnappt ob der lästerlichen Reden nach Luft wie ein Fischlein, das unversehens aufs Trockene geraten ist. Er ist gewöhnt, daß Wolf Dietrich von Raitenau sich manchmal ausdrückt, als säße er an einem Lagerfeuer unter wilden Kriegsgesellen, statt in der wohlgesitteten Salzburger Stadt Domherr zu sein.

Gewiß, ein weltlich Gehaben ist zu dieser Zeit nichts Ungewöhnliches, und Domherr zu sein besagt noch gar nichts. Nicht umsonst hat der apostolische Visitator erst neulich zwei Domherren namentlich gerügt, weil sie in weltlicher Kleidung einhergehen und im Fasching maskiert die Bürgerhäuser betreten und sich des Nachts bewaffnet, mit Saitenspielern und Sängern, in der Stadt herumtreiben. Der Wolf hat auch den spanischen Federhut und das Rapier lieber und legt sie erst vor dem Münster ab und läßt sich dort den Chorrock und das Biret reichen, aber das Ansinnen heute übertrifft doch alles, was dem guten Thun je vorkam.

Weiß Gott, in des Raitenauers Adern rollt das Blut in unruhiger Mischung! Sein Vater, der Wernherr von Raitenau, der als kaiserlicher Oberst zehn Fähnlein deutsche Knechte wider die Türken führte, war keiner von den Leisetretern, und von der Mutter her hat Mediceerblut ihm auch nicht viel Anlagen zum Maßhalten und Sich-Bescheiden vererbt. War schon ein kurioses Unterfangen, den Erstgeborenen dieses Paares dem geistlichen Stand zu verschreiben, und es wird wohl auch mehr Speculatio der Eltern auf die Verwandtschaft der Gräfin, deren Bruder Bischof von Konstanz und deren Mutter eine Schwester Papst Pius des Vierten war, gewesen sein als tief innerliche Berufung.

Der Thun denkt es erbittert, welch glänzende Karriere der Wolf machen könnte mit dieser Verwandtschaft. Und nun rennt er blind wie ein balzender Auerhahn wegen eines Weiberkittels in eine Affäre hinein, aus der unter Umständen dem ganzen Domkapitel schwerer Schaden erwachsen kann.

„Wenn der Kaufmann Alt, der im Stadtrat sitzt, die Ehekomödie an die große Glocke hängt und Genugtuung verlangt für den Betrug..."

Hei, wie dem Raitenauer die Zornesader an der Schläfe schwillt, er ist imstand und springt dem andern an die Gurgel!

„Was heißt Betrug, du Schuft?! Das Mädel wird mein rechtmäßig Weib, und die Anerkennung von den Seiten, wo es nottut, hol ich mir schon noch! — Doch mit der Margret eilt's, und niemals spricht sich die Salome frei von ihrem Tod, wenn die in Unruhe hinüber geht."

„Ist ein gar liebenswürdiger Herr, der Janschitz", muß sich der Seppei denken, als er die dunklen Gestalten fürsichtig über die Treppe weist. „Nun schickt er nicht nur den Bader seines Herrn, sondern auch dessen Beichtiger. 's ist aber auch bestimmt wahr, daß geistlich Zuspruch bei so einem alten Menschen fast nötiger ist als ärztliche Weisheit. Die Jungfer Salome ist wohl ein unvernünftig Ding, wenn sie die Augen ängstlich macht, als brächte er den Gottseibeiuns persönlich in die Krankenstube."

Der Seppei hingegen ist recht zufrieden mit diesem Lauf der Welt. Ist es nicht gut, in einem Haus zu dienen, wo auch der ärmste Dienstbot an Leib und Seel betreut wird wie die Herrschaft selber? Da sind die Krankheit und der Tod nur halb so schlimm. Er schließt voll Ehrfurcht hinter dem Gottesmann die Tür und trollt sich wieder hinunter in das Erdgeschoß. Doch bleibt er auf der untersten Stufe sitzen, daß er gleich hört, wenn man ihn etwa braucht, sei es von oben oder aus des Kellers Gewölb — er und der Hassan halten treue Wacht.

Und damit er in dieser Mußezeit doch auch was tut, faltet er die schwieligen Hände und betet. Die Kranke kann die Fürsprach brauchen, und die arme Salome, die schon ganz dünn vor lauter Sorge ist — und dann der Reihe nach für des Hauses Oberhaupt, Herrn Wilhelm Alt und sein Ehegespons und für die Buben, die schon junge Männer sind, und auch für den Herrn Janschitz, der es so gut mit allen meint; und tät er sich im klaren sein, ob's statthaft, auch für Hassan, unsern treuen Hund...

„... bis daß der Tod euch scheidet!"
Salomes Gesicht leuchtet fast vor Blässe; es ist wahrhaftig das Weißeste an ihr bei dieser seltsamen Hochzeit. Statt daß des Stadtrats Alt Töchterlein in fließender Brabanter Seide zu ihrem Ehrentag durchs Münster schreitet, steht sie im schlichten Hauskleid neben dem Manne ihrer Wahl, und der Johann Antoni von Thun legt unbeholfen und arg verlegen die Hände der Liebenden ineinander.

Frommen Segenswunsch stammelt nur allein die alte Magd.

Wolf Dietrich aber strahlt im Vollgefühl einer guten Tat, weil er der geliebten Frau den Makel nimmt vor ihrem eigenen Gewissen, verworren ahnend, daß das Bürgerskind schwer leidet unter dem zwielichtigen Verhältnis und seine ganze Kraft braucht, sich zu behaupten gegen die Zweifel in seiner eigenen Brust.

Mit dieser Zeremonie will er sie stärken, gefeit machen gegen das Gefühl der Rechtlosigkeit ihrer Liebe. Es gilt ihm gleich, ob der Weg, den er eben beschritt, der übliche ist, oder in den Augen der Mitwelt verwerflich. Ihm geht vor, daß diese kleine

Salome, hat sie einmal gewählt, die Wahl auch verteidigt gegen alle und alles und ihr nicht nur abgegriffene Formel wird: „... bis daß der Tod euch scheidet!"

Er fühlt dumpf, daß sein Charakter eine solche Zufluchtsstätte braucht, die unwandelbar wie ein ruhendes Eiland ist in der stürmischen See, auf der kraft seines beweglichen Geistes und seiner Unbeherrschtheit sein Lebensschiff treiben wird.

Salome aber weiß nur, daß nun alles entschieden ist. Sie hat vor Gott dem Manne neben sich die Treue geschworen. Ihr leidenschaftliches Herz hat sich nicht mehr zu fürchten vor der Sünde, denn sie ist durch den Verspruch vor sich selbst gerechtfertigt und alles Äußere hat kein Gewicht. Sie kann es sich nicht vorstellen, wie das Leben mit dem Geliebten weitergehen wird, aber nun ist es ihre Pflicht, bei ihm auszuharren, was vorher nur ihr eigener triebhafter Wunsch war, und das beruhigt und macht stark.

Am 21. November 1586 kann die blonde Elsbeth wahrhaftig nicht auf der Geburtstagsfeier von Salome tanzen. Die Salome hat der alten Margret die letzte Ehr erweisen müssen und sie auf den Freithof des Münsters begleitet. Es ist ein trauriger achtzehnter Geburtstag geworden, und Wind und

Wetter weinen mit ihr, darin hat die Freundin wieder recht behalten.

Der Verlust der alten Magd gibt der Salome neuen Grund, sich von den Gespielen fernzuhalten. Sie meidet ihre Altersgenossen mehr als sonst und ist fleißig im Gewölb tätig. Jeder ist dem ernsten Mädchen von Herzen gut, und alle bemühen sich redlich, ihr wieder das Lachen beizubringen. Aber es gelingt ihnen nur selten mit kindischem Schnickschnack, und sie ist am liebsten allein.

Das Grab der Margret ist der schönsten eines, und die alte Dienerin hält weiterhin ihre Hand über Salomes Liebe, denn ist sie von daheim verschwunden, so sind sich alle einig, daß sie wohl wieder auf dem Freithof oder im Münster stecken wird.

Der Janschitz muß fleißig Botschaft tragen zwischen den Bestellzetteln für die Verpflegung des Kapitels, und das Gartenhäusl wird vertauscht mit einem kleinen Stübchen im Haus einer alten, verschwiegenen Verwandten des Dieners.

Salome fragt Wolf Dietrich nicht darum, wie er ihre geheime Ehe wenigstens der engsten Familie eingestehen wird. Weiß sie doch, daß die Raitenauer kein übermäßig reiches Geschlecht sind und zu viele an dem Familienbesitz nagen. Nicht umsonst hat man Wolf Dietrich schon als Zwölfjährigem von seinem bischöflichen Onkel in Konstanz ein Kanonikat verleihen lassen und bald darauf gar erreicht, daß ihm Papst Gregor XII. die Dompropstei Basel verleiht. Dann kam noch die Koadjutorie der vereinigten Stifte Murbach und Lüders hinzu, und als vierte Pfründe das Kanonikat in Salzburg.

Der junge Adelige hätte, weiß Gott, lieber dem Kriegshandwerk gedient wie sein Vater, obwohl ihm sein heller Kopf das Studium leicht fallen läßt und alle Voraussetzungen für eine glänzende Karriere gegeben sind.

Salome weiß, daß ihre Person das alles stört, und sie spricht nicht mehr davon. Wolf Dietrich hat im ersten Überschwang einmal angedeutet, daß, sollte er für seine Ehe nicht Dispens vom Heiligen Vater erhalten, er eben dem Kaiser seine Dienste als Kriegsmann anbieten und als Domherr resignieren wolle.

Das erschreckt Salome sehr. Wolf bei den Türken, das wäre das Fürchterlichste, was ihre Phantasie sich ausmalen kann. Mord, Blut und Plünderung sind, was jeder ehrsame Bürger sieht im Krieg, und Heldentaten würden nur aus Not geboren, aber nie gesucht. Die Salome hebt beide Hände beschwörend und muß gleich weinen an des Geliebten Brust, als er solch Vorhaben spielend hinwirft. Nein, lieber nicht! Da soll nur alles bleiben wie es ist, und niemand etwas von dem Bund erfahren! Um diesen Preis will sie das nicht. Da legt der junge Domherr ihr begütigend die

Hand unters Kinn und sagt forschend: „So lieb hast du mich, Salome, daß du auch nur ein Pfaffenliebchen bleiben wolltest vor der Welt?" Und sie muß nicken, und hinter ihren Tränen strahlt ein bedingungsloses Ja.

Dem jungen Raitenauer paßt es aber heute nicht, die kostbar kurze Zeit mit Tränen zu beschweren, und er will neckend die Geliebte ad absurdum führen: „Das Liebste wäre dir wohl, Salome, ich stünd in deines Vaters Laden und wög die Säcke aus und mäß das Linnen nach, und du zähltest die Kreuzerlein, daß sie uns nicht betrügen?"

Da blickt das Mädchen hoch, und so viel Sehnsucht nach dem eben heraufbeschworenen geruhsamen Bürgersglück liegt in ihren schönen Augen, daß dem Wolf das Spaßen vergeht und er fast beschämt murmelt: „Laß gut sein, Kind, du lernst es schon noch, das andere Leben!"

Während er sie im Arm hält, flüstert er ihr zu, wie schön es sein kann für die Leute, denen der liebe Gott das Genießen zugeteilt. Und vor der staunenden Salome ersteht ein italienischer Fürstenhof mit all seinem Prunk. Es fließt der funkelnde Wein in Strömen, die Tafel biegt sich von seltsamen Gerichten, zu denen alle Länder der Welt ihre Früchte geboten haben. Weltliche und geistliche Fürsten sitzen in bunter Reihe neben schönen Frauen, Gelehrte und Künstler sammeln sich darum. Es fliegt das wohlgedrechselte Wort, leicht wie ein Federball, über die Gesellschaft, Anregung gebend zu neuen Werken in Stein, in Farbe, zum Gedicht, zu einer neuen Entdeckung — ein sich ewig befruchtendes Wechselspiel von Geist und Schönheit.

Salome versteht nicht viel davon, doch lauscht sie gerne diesen italienischen, weichen, gurrenden Namen und noch lieber des Geliebten Stimme und tastet mit spitzen Fingerchen des Mannes Wange entlang, den sehnigen Hals hinunter bis zum Kehlkopf, legt ihm eine weiche, rosige Fingerkuppe darauf und lacht plötzlich leise auf: „Wie das da hin und her hüpft, wenn du so beredsam bist, Wolf!" Und rasch ist ihr roter Mund dort, und ein Kuß brennt ihm auf der Haut. Doch wirft sie gleich den Kopf zurück, und ihre Stimme ist dunkel, und die Pupillen groß: „Was wäre, wenn ich dich jetzt gebissen hätte? Deine italienischen Fürstinnen beißen wohl nie?"

Wolf Dietrich lacht verblüfft und belustigt, doch er faßt sich rasch: „Das nicht, doch küssen sie wohl auch nicht so gut!"

Und rasch versunken ist Italiens Prunk und beglückende, erregende Wirklichkeit ist das deutsche Bürgermädchen.

„Die Pichlerin hat noble Kundschaft. Das ist doch gewiß der junge Domherr, der da vom

Bodensee heraufgekommen ist? Warum der nicht mit den dreckigen Halskrausen seinen Diener schickt, den Janschitz, der wo das Geschwisterkind von der Pichlerin ist?" Die Susanne sagt es neiderfüllt, während sie die drallen Arme auf das eigene Wäscheschaff stützt, und die alte Lena, die bei ihr zu einem kleinen Schwatz stehengeblieben ist, bedauert, daß sie die rotumränderten Augen nicht früher genau auf die schlanke Männergestalt geheftet hat, die in der niedrigen Tür der Pichlerin verschwunden ist. Denn sie kennt die Herren vom Domkapitel alle. Weiß Gott, wie wird sie nicht, wo sie doch niemals Messe und Segen versäumt und unter des lieben Gottes besten Stammgästen ist? Nun, sie, die Lena, hat Zeit, sie will gern warten, bis der feine Herr wieder herauskommt, und dann kann sie es der Susanne genau sagen.

Aber das Geschäft im Hause der Pichlerin muß sich etwas hinziehen. Der Erwartete will die Neugierde nicht stillen. Statt dessen aber hastet von der Stadt herauf eine schlanke, hohe Mädchengestalt. Die vier Augen der wartenden Frauen laufen ihr erstaunt entgegen und gehen erwartungsvoll mit, wo denn das schöne Kind hin will, in diesem abseitigen Gäßchen. Nun aber hat die Lena sich keine Unaufmerksamkeit vorzuwerfen. Sie erkennt die Alt-Tochter sofort, und ihre spitze Nase sticht gegen die Susanne, als das Mädchen auch bei der Pichlerin verschwindet. Was tut die schöne Salome bei der Wäscherin? Kein Körbel hat sie getragen, sie holt also höchstens etwas ab. Nun, die wird sich wundern, mit wem sie da drinnen zusammentrifft! Vielleicht redet der junge Herr das Bürgerskind an? Man weiß ja, wie die Domherren sind. Denen sind auch die jungen Mädel lieber als die alten Weiber.

Die Lena kichert, sie hat bis zu einem gewissen Grad Verständnis dafür. Denn auch sie war einmal jung und leidlich hübsch. Und ihr hat ein junger Adeliger das einst recht deutlich gesagt — die Susanna braucht gar nicht so ungläubig die Nase rümpfen! Kann recht leicht sein, der Domherr geht ein Stückl mit der Salome, wenn sie ihn läßt! Ist ein recht stolzes und abweisendes Ding, die Kaufmannstochter, zu den Männern, sie weiß es genau.

Nun, die Lena und die Susanne sollen heute noch allerlei erleben. Zuerst einmal, daß ihnen beiden kalt wird. Denn es hat das neue Jahr kaum begonnen. Die Susanne hilft dem ab, indem sie sich wieder ihrer Arbeit zuwendet und frisches heißes Wasser nachleert. Die Lena aber trippelt sich gar nimmer warm und muß in die Stube hinein, doch die hat, gottlob, das Fensterlein so angelegt, daß die Haustür der Pichlerin nicht aus dem Blickfeld gerät.

Im übrigen wird die Geduld der beiden auf eine harte Probe gestellt. Auch die Arbeit der Susanne wird noch fertig, und sie gesellt sich der Lena, dieweil zu zweit immer die Zeit besser vergeht, zumal wenn eine Wechselred sich ergibt über so interessante Dinge, wie das Pichlerhaus eben birgt.

Arglos besehen, sind eigentlich nur etliche Spatzen rund um die Pichlerische Haustür, die tschilpend davonstieben, als die Salome sie endlich vorsichtig öffnet. Das Mädchen atmet erleichtert auf und läuft auf schlanken Beinen den Weg wieder zurück, ahnungslos, daß hinter den kleinen Vorhängen des Nachbarhauses vier Augen sie in maßlosem Erstaunen beobachten. Denn sie hat keine Wäsch geholt und keine gebracht. Was, um Gottes willen, wollte sie dann bei der Pichlerin?

Die Antwort kommt ihnen jäh, beiden zugleich, als nun der junge Mann, der sich so unternehmend auf den Raufdegen an seiner Seite stützt wie nur je ein weltlicher Adeliger, und in dem die Lena unwiderruflich den Raitenauer erkennt, das Haus verläßt und leise pfeifend auch das Gäßchen stadtwärts geht.

Die Spatzen vor dem Pichlerhaus scheinen nicht dicht gehalten zu haben. Sie schwätzen es durchs Städtchen. So schön von unten herauf. Die Magd vom Khlezlhaus erzählt es dem Hausburschen des Hämpergerhauses, denn sie hat's von einer Augenzeugin. Und der vom Hämpergerhaus erzählt es mit ein bißchen Schluckauf einmal in der Weinstube, als einer von des Weiß Gesinde, die mit den Alt schon fast verwandt sind, dabei ist. Der sagt's beileibe nicht im Althaus weiter, aber er kennt die dicke Vev gut aus dem Bürgerhaus, wo die Elsbeth und der Rupert daheim sind. Und dort weiß man, daß der Rupert gern nach der Salome säh, und es ergibt sich leicht, daß die Elsbeth einmal erfährt, warum ein Kaufmannssohn bei dem Altmädel keine Aussicht hat. Mit ein bißchen Bedauern und ein wenig hämischem Triumph, daß es noch etwas Begehrenswerteres gibt als einen jungen Patrizier mit einem wohlgefüllten Geldsack. Die Elsbeth hört es mit offenem Mund und sagt den Unsinn erst dem Bruder gar nicht weiter. Doch als sie Hans Eppensteiner trifft und der nach der Salome fragt, rumpelt es ihr über die Lippen. Sie bereut es gleich, als sie sieht, wie der Hans die Farbe wechselt, und ist doch auch ein kleines bißchen froh, daß das Bild der Salome nun einen Makel hat und ihm das rückhaltlose Anbeten wohl vergehen muß.

Den Eppensteiner trifft das Gehörte hart, nicht nur, weil es ihm einen schönen Traum zerstört, sondern weil er weiß, wie wenig den Adeligen im allgemeinen die Ehre eines Bürgermädchens gilt. Und sich die Salome von so einem jungen, geschniegelten Laffen weggeworfen zu denken, ist fast noch ärger als sein persönlicher Kummer.

Und eines Tages steht er vor der Salome.

Es hat inzwischen der Jänner sein Ende genommen, und der Februar läßt manchesmal schon ahnen, daß des Winters Macht gebrochen ist.

Die Stadt hat ihren Erzbischof begraben, der bloß sechzehn Wochen lang „in aller Demuet ganz friedlich regiert hat", wie der Chronist berichtet, und ohne alle vorhergegangenen Krankheiten „allein daß er ein sehr großen faisten Leib gehabt und sonderlich nit vil dazue geessen" gottseliglich entschlafen ist ganz unversehens eines Morgens.

Das Salzburger Volk ist dem Spektakel nicht abhold, und die Aussicht, in verhältnismäßig kurzer Zeit wieder einen festlichen Einzug eines Erzbischofs zu erleben, mildert die Trauer um den Toten ganz erheblich, zumal der Entschlafene weder im Guten noch im Schlechten der Stadt besonderen Eindruck gemacht hat. Den Schülern und den Lehrbuben könnte alle Jahr leicht ein Landesvater versterben und ein neuer einziehen, wenn ein paar Feiertag dranhängen. Nicht so ganz vergnüglich sehen es die Ältesten der Stadt, weil diesmal die Nachfolge ungewiß ist. Hat doch niemand an ein jähes Ende gedacht, und selbst die Domherren haben untereinander noch kaum die Nachfolge erwogen. Die also, denen klar war, was ein Erzbischof alles vermag, musterten im Geist die Männer des Kapitels besorgt, die andern aber, denen die Tragweite eines Wechsels auf dem Bischofsstuhl nicht so zu Bewußtsein kommt, betrachten die Domherren mit nicht minderer Neugier.

Es ist, mit Verlaub zu sagen, eine Art spannendes Wettfieber — wie man etwa eine Reihe gleichwertiger, edler Hengste betrachtet vor dem Start und schon im vorhinein erraten will, wer als erster durchs Ziel geht, auch wenn man selbst keinen Groschen riskiert. Nun, die Herren vom Kapitel werden scharf beleuchtet vom Salzburger Volk, und jeder kramt bereitwillig aus, was er über die einzelnen erfahren hat, ob aus eigenem Erleben oder vom Hörensagen, gilt gleich. Die Hauptsache ist, daß der Zuhörer etwas Neues erfährt, und wenn es auch ein frommes Märlein wäre. — „Oder ein recht unfrommes!" sagt der Hans Eppensteiner vorsichtig, als er endlich die Altbrüder abgeschüttelt hat und mit der Salome allein ist.

Das feine Gesicht des Mädchens blieb unbeweglich, und die graublauen Augen blicken klar und unberührt. „Ja!" nickt sie, „alles ist voll der Neugierd! Sogar Vater und Brüder reden beim Essen von nichts anderem mehr."

Der Eppensteiner sieht ein, daß er so nicht weiterkommt. Er nimmt sich einen Anrand, als gälte es, durch einen eisigen Fluß zu schwimmen, als er hervorstößt: „Schau, Salome, da gilt's den Leuten gleich, wen sie mitbesudeln; sie schliefen mit ihrer Neugier in jeden geheimen Winkel und machen aus der Mucken einen Elefanten. Und sie sagen nicht: ‚Der und der ist hinter jedem Kittel her‘, sondern sie verschimpfieren das Mädel, und an dem bleibt's hängen, wenn sie über den Mann schon längst wieder stille sind!"

Die grauen Augen werden dunkel, und es ist, als flöge ein leichter Schatten über sie hinweg. Aber keine Röte flutet über die jungen Wangen, und kein Erschrecken zwingt zu einer hastigen Gebärde. Im Gegenteil, es ist, als husche ein trauriges Lächeln um den schönen Mund, der nun gelassen und ohne Umschweife sagt: „Soll das eine Warnung sein, Hans? So dank ich dir recht von Herzen für den guten Willen. Aber es hat's nicht not. Und es ändert auch nichts. Du sollst nicht meinen, daß ich überheblich bin und glaub, ich tu das Klügste, was ich tun könnt." Salome lacht nun wirklich ein kleines, gurrendes Lachen. „O nein, ich weiß bestimmt, ich bin nicht ganz gescheit in vieler kluger Leute Augen. — Doch siehst du, Hans, ich laufe meines Lebens Weg. Wer kann je wissen, wo der hinführt, auch wenn er ihn vielmals bedacht hat? Es hockt das Unglück oft schon dabei, wenn alle noch das Glück preisen. Ich weiß nur, daß ich tu, was ich eben tun muß. Es bleibt gar keine andere Wahl mehr, und ich bin gewiß, ich kann es nicht bereuen. — Du aber bleib mein Freund, Hans Eppensteiner, ich werde die Freunde mit jedem Tag nötiger haben!"

Das schöne Mädchen nickt ihm zu, und er steht draußen in der engen Gasse und weiß nicht wie.

Salome fröstelt in ihrer Kammer, und ihre Augen blicken leer. So hat das Gerücht sie schon erfaßt, und vielleicht sind es nur Tage, ehe sich die Kunde von ihrer Liebe ins Vaterhaus schleicht. Wie werden es der Vater und die Brüder aufnehmen? Sie weiß genau, was der ehrsame Bürger denkt in Salzburg. Mag sein, daß man im Süden der Sinnenlust mehr Zugeständnisse macht, sie will es gerne glauben, wenn sie überlegt, was man in Kaufmannskreisen über den päpstlichen Hof und seine Kardinäle sich erzählt. Doch Salzburg liegt weit weg im Norden, und Pfaffenliebchen stehen in der Reihe der Verfemten ganz unten. Sie denkt das böse Wort ganz deutlich, ohne jede Beschönigung, denn nur so kann man über sie urteilen, wenn man nichts von ihrem ehrlichen Verspruch vor Gott weiß.

Was wird man mit ihr tun, wenn es die Familie erfährt? Werden sie des Vaters Lieblingskind aus dem Hause jagen, wenn sie sich nicht beugt? Der Salome kommt gar nicht in den Sinn, daß sie den Raitenauer lassen könnte, und ihr banges Herz tastet nur entsetzt die Möglichkeiten ab, die die Zukunft für sie haben mag. Man weist ihr wohl im Zorn die Tür, und Wolf bringt sie irgendwo unter, in einem der verschwiegenen Dörfchen rund um

Salzburg, wo die ungebetenen Kinder ihr Dasein fristen. Sie zweifelt keine Minute, daß Wolf Dietrich zu ihr steht, aber nicht abzusehen ist, wie weit es in seinem Vermögen liegt.

Oder wird man sie in ein Kloster sperren? Zu den frommen Frauen auf den Nonnberg? Daß sie hinübersehen kann über die vertraute Stadt, unerreichbar für den Geliebten und doch so quälend nah. Der Kaufmann Alt ist reich, ihm wäre es ein leichtes, die verlorene Tochter einzukaufen in das Stift. So manche heiße Liebe wurde schon eingesargt hinter Klostermauern. Die Salome duckt sich unter dieser Vorstellung, als spürte sie ein Fangnetz über sich, und Kutten rascheln in ihren überreizten Ohren. „Nur das nicht, lieber Gott, nur das nicht! Wie kannst du diesen jungen Leib, der eben erst erwacht ist, zu den lebend Begrabenen verdammen wollen? Es ist nicht möglich, daß deine Güte so hart straft, wenn du deinen Geschöpfen selbst das Begehren ins Herz legst."

Wie hat Wolf Dietrich nur gesagt: ‚Das Zölibat ist Menschenwerk, das hat ein häßlicher alter Mann auf dem Papstthron erfunden, und Gott hat damit nichts zu tun. Man ist so streng nicht in Rom und weiß, daß auch der Priester aus Fleisch und Blut ist. Nur hat die Kirche wohl erkannt, daß in dem Zölibat ein Schutz für ihr Vermögen steckt. Jedwede Macht fällt immer wieder zurück an sie, und nichts splittert ab aus dem weltumspannenden Gebäu!'

Sie, die Salome, will nichts von der Kirche und ihrem Glanz, sie will nur Wolf in seinen stillen Stunden, die fernab liegen von Ruhm und Männerstreben. Den Wolf, den niemand kennt außer ihr, der demütig und behutsam ist, und dessen Mund so zärtlich den ihren sucht, daß man ihm gar kein herrisches, hartes Wort zutraut, dessen er aber nur zu leicht fähig ist in seiner andern Welt, wo ihn der Ehrgeiz jagt und der Hochmut. Den Wolf will sie, den trauten Spielgesellen einer süßen Zweisamkeit, nicht den Herrn, der so klug ist, daß er sechs Sprachen spricht, dessen scharfer Geist gefürchtet ist wie sein Rapier.

Salome fiebert der nächsten Zusammenkunft mit Wolf Dietrich entgegen und fürchtet sie doch sehr. Denn wieder werden neugierige Augen sie erspähen, und jeder solche Besuch kann das Verhängnis ins Rollen bringen. Fast ist sie daher froh, daß diesmal der Janschitz Botschaft bringt, das vereinbarte Zusammentreffen müsse verschoben werden, denn eine wichtige Besprechung des Kapitels sei angesetzt und der Raitenauer könne sich nicht freimachen.

Der kurze Feber geht fast vorbei, ehe sich die beiden wieder bei der Pichlerin treffen. Die Susanne und die Lena haben schon beinahe das Spähen aufgegeben und es wollte sie schier reuen, daß sie ihr Geschautes nicht für sich behielten, zumal das Gerücht schon unter dem Siegel der Verschwiegenheit mit tollen Abwandlungen wieder zu ihnen zurück kam, kaum mehr erkennbar als ihr eigen Kind.

Wolf Dietrich ist heute nicht der Wolf, von dem die Salome träumte in den letzten Wochen der Angst. Er zieht die schwarzen Brauen zusammen, und seine Augen stechen hart und kalt, als sie ihm von der Warnung des Eppensteiners erzählt: „Der Mann soll seine Zunge hüten, sonst liegt sie ihm bald starr und tot im Mund!" braust er auf, und die Salome hängt sich erschrocken an seinen Hals und weiß nicht, wie sie seinen Haß soll wenden von dem Getreuen. Wie kann der Wolf nur so die Tatsachen verkennen? Der Hans, der's gut mit ihr, der Salome, meint, den wollte er schweigen machen, und tausend giftige Zungen zischeln weiter mit wirklicher Berechtigung, wenn Wolfs Jähzorn den Unschuldigen büßen läßt.

„Ich kann nicht alle alten Klatschweiber dieser Stadt über meine Klinge springen lassen!" sagt der Geliebte unwirsch und ist irgendwie nicht so bei der Sache, wie Salome möchte. „Hab Geduld, Mädchen, laß erst die Wahl vorbei sein, dann geh ich selbst nach Rom und will es ordnen, daß alles recht wird. Das sind keine Dinge für eine schriftliche Bitte, da muß man selbst dahinter sein. Vielleicht", er sagt es sinnend mehr für sich, „vielleicht ist dort unten Platz für mich, und diese deutschen Spießer bin ich los. Dann kommst du nach, Salome, so wahr ich da steh. Dort atmet es sich leichter, das darfst du glauben. Da mäkeln sie nicht daran herum, weil man als Domherr nicht auch zugleich schon ein Verschnittener ist."

Salome sieht den Geliebten aufmerksam an, als er von deutschen Spießern spricht, und wird sich jäh bewußt, daß aus diesem dunkelhäutigen Gesicht mit dem dunklen Haar die Mediceerin hervorschaut, die ihm auch Ahnin ist, und kaum die deutschen Raitenauer. Doch was sie fremd anweht aus dieser Rede, ist gleich vergessen in der beglückenden Gewißheit, daß, was immer Wolf Dietrich auch plant, sie eingeschlossen ist darin. Der rasche Sprung, den Wolf spielend im Geiste tut ins fremde Italien, ist ihrer bürgerlichen Seßhaftigkeit erstaunlich, aber schon fügt sie sich darein. Denn durch die Jahrhunderte haben die alten Worte immer wieder Gültigkeit: ‚Du sollst Vater und Mutter verlassen und dem Manne nachfolgen...'

Salome ist dazu bereit, wie Millionen vor ihr, Millionen nach ihr es sein werden, die alle einem Mann zuliebe freudig das dunkle Tor in eine ungewisse Zukunft durchschreiten, ob ihnen nun der Herrgott ein kleines, unbedeutendes Leben zuteilt oder ein Schicksal.

Der Salome Alt gibt der liebe Gott immer alles randvoll. Vom Guten wie vom Bösen. Aber er schenkt ihr auch die Kraft, damit fertig zu werden. Doch das kann sie mit ihren knappen achtzehn

Jahren noch nicht ermessen. Augenblicklich haben ihre Gedanken ein neues Ziel: die Romreise Wolf Dietrichs.

Bis dahin müssen ihre Leute getäuscht und hingehalten werden, und sie schlägt selber vor, sich nun möglichst wenig zu treffen. Freilich, beim Heimwärtsgehen steigt es wie Unzufriedenheit in ihr auf, daß Wolf sich nicht aufgelehnt hat gegen diesen Vorschlag, sondern ihn billigte als klug und wohl überlegt. Die Salome ist sich nicht klar bewußt, daß klug genannt zu werden der Trost der Reizlosen ist, aber irgendwie kann sie diesem Lob keine Freude abgewinnen. Der Wolf hätte sich wehren müssen gegen die lange Fastenzeit, durch seine Zustimmung kommt sie sich fast verschmäht vor. Und mißtrauisch wiederholt sie sich jeden Blick und jede Gebärde des Mannes, ob etwa seine Liebe schon nachgelassen habe. Doch, wie sie auch argwöhnisch alles dreht und wendet, sie täte ihm unrecht, wenn sie seine Küsse nun im nachhinein weniger heiß dünkten. Und echt war, was er ihr zum Abschied zuflüsterte: "Nicht lange, süße Salome, müssen wir mehr wie Diebe um unsere Liebe schleichen."

Am Morgen des 2. März 1587 versammeln sich alle dreizehn zur Zeit in Salzburg anwesenden

Kapitulare in der Kathedrale vor dem Altar des heiligen Rupertus zur Heiligen-Geist-Messe. Danach fleht man nochmals in der Heiligen-Geist-Kapelle um den göttlichen Beistand, und der Bischof von Chiemsee ermahnt die Wähler in einer eindringlichen Ansprache, ohne Leidenschaft den Würdigsten zu wählen. Die Wahlgesetze werden vorgelesen, und nun wirft jeder Domherr schweigend seinen Stimmzettel in einen Kelch. Der Bischof von Chiemsee zählt die Stimmen und verkündigt die durch die Majorität erfolgte Wahl des neuen Erzbischofs. Es ist nur eine knappe Überlegenheit. Sieben von dreizehn Stimmen sind ihm zugefallen, der Rest hat sich zersplittert.

Salome Alt hat eine unruhige Nacht hinter sich. Sie hat den Geliebten nicht mehr wiedergesehen. Herr Janschitz kommt nach wie vor ins Gewölb, aber keine geheime Botschaft liegt in den Bestellzetteln. Schon mehr als einmal war sie drauf und dran, dem Raitenauer von sich aus Nachricht zu schicken. Aber das verbietet ihr der Stolz. Wenn es Wolf so leicht fällt, auf ein Zusammenkommen mit ihr zu verzichten, dann ist sie die letzte, die daran rührt. Aber sie kann es nicht ändern, daß sie den Tag der Wahl herbeisehnt und sich damit erhofft, daß, wenn einmal ein Erzbischof gewählt und das leidige Tauziehen zu Ende ist, Wolf wieder Zeit für sie findet. Sie geht also mit den vielen andern Salzburgern zum Münster, um gleich bei der Verkündigung des neuen Herrn dabei zu sein und — wohl wissend, wie eine solche Wahl sich vollzieht — in der festen Überzeugung, wenigstens Wolf Dietrich in der Ferne zu sehen, wenn er mit den übrigen Kapitularen den Erzbischof durchs Münster geleitet.

Salome hat von ihrem Elternhaus zum Münster nur ein kleines Stück. Als sie aus dem düstern Hausflur tritt, schnuppert ihr feines Näschen in die Luft. Vom Mönchsberg her kommen Erdgeruch und frischer Wind, und recht gegen ihren Willen steht vor ihrem inneren Auge das kleine Gartenhäusl, die erste Zufluchtsstätte von ihrer und Wolfs Liebe. Sie schiebt die Unterlippe etwas trotzig vor und nimmt ihre Gedanken zornig in Zaum, aber deshalb wird es doch nicht ungedacht, und es ist gut, daß der Strom der Kirchengeher sie immer dichter umspült und sie da und dort eine gute Kundschaft grüßen muß und so sich nicht an ihre Sehnsucht ganz verlieren kann.

Das Münster ist düster, und die Menschenmassen schieben sich unaufhörlich hinein. Das eintönige Schlürfen der Füße über den steinernen Boden will kein Ende nehmen. Immer wieder rücken die Gläubigen zusammen, um noch ein Plätzchen für einen Neuankömmling freizumachen. Die Salome schiebt sich an eine Stelle, wo sie sowohl die Tür der

Heiligen-Geist-Kapelle als auch den Hochaltar im Auge behalten kann.

In der Heiligen-Geist-Kapelle ist die Wahl schon in vollem Gang. Gleich wird sich die Tür öffnen und der Dompropst dem Regens Chori das Zeichen geben, daß die Glocken dem Volke die Beendigung der Wahl anzeigen können. Die Menge sieht gespannt nach der Tür, und Salome muß sich sehr bemühen, über die wogenden Köpfe einen ordentlichen Durchblick zu behalten.

Es scheint ein bißchen länger zu dauern diesmal. Der Salome kommt vor, bei der vorigen Erzbischofwahl wäre die Zeit schneller vergangen. Aber es kann sein, daß es auch nur die Ungeduld ihres Herzens ist, die den Geliebten sehen will.

Da öffnet sich die Tür zur Kapelle, und fast gleichzeitig fangen alle Glocken zu läuten an. Der Neuerwählte schreitet zwischen Propst und Dechant, gefolgt von den übrigen Kapitularen, zum Hochaltar und läßt sich dort auf dem eisernen Stuhl nieder.

Salome reckt mit den übrigen den Hals, aber ihr ist der neue Erzbischof ziemlich gleichgültig, sie will Wolf sehen. Und sie sieht Wolf Dietrich...

Es ist unwirklich, wie ein böser Traum. Der Mann, der sich da auf dem eisernen Bischofstuhl niederläßt, ist Wolf! Und schon hallt es durch die Kirche, daß der hochwürdig und edle Herr Wolf Dietrich von Raitenau, Dompropst zu Basel und

Domherr zu Salzburg, zum Erzbischof von Salzburg erwählet wurde.

Der unterdrückte Schreckenslaut, der der Salome von den Lippen fliegt, aber geht unter in dem Tedeum laudamus.

Die Salzburger bringen ihren neuen Herrn unter Jubelgeschrei in den Keutschacher Hof, wo er verbleiben wird, bis die Confirmations(Bestellungs)-bulle aus Rom eingetroffen ist.

Salome läßt sich mit dem Strom treiben. Sie ist noch immer wie betäubt. Zu ahnungslos ist sie heute zum Münster gekommen, daß dieser von ihr herbeigesehnte Tag so enden würde. Nun ist alles aus. Wolf Dietrich auf dem Bischofstuhl, und sie, das kleine Bürgermädel, eine Episode, nichts weiter für den hohen Herrn!

Salome empfindet nicht einmal einen Schmerz. Sie ist nur wie ausgebrannt, aber ihre Ohren nehmen jede Bemerkung auf, die über den neuen Kirchenfürsten getan wird. Und es sind deren nicht wenige, während sich das Volk unter dem Dröhnen der Glocken lachend und manchmal scheltend weiterschiebt.

„Du wirst mir doch nicht einreden wollen, daß es keinen Würdigeren gegeben hätte!" klingt es laut und ohne Zurückhaltung ihr ins Ohr, und der Sprecher macht den Eindruck, als wüßte er recht wohl in der erzbischöflichen Residenz Bescheid. „Gerade den Jüngsten haben sie genommen! Der ist nicht viel besser als der Rieger von Westernach und der Berner von Gottenradt, deretwillen das Domkapitel schon von Rom gerügt wurde, weil man die Domherren gar nicht mehr von den andern Bürgern im weltlichen Benehmen auseinanderhalten mag."

„Ach was", gibt der Angeredete achselzuckend zurück, „wer weiß, ob ihn nicht gerade darum die Herren gewählt haben, damit der Grünschnabel ihnen nicht die Amouren vergällt — oder, was mir wahrscheinlicher dünkt, daß der Bayer dahintersteckt und sich einen streng katholischen Wind erhofft mit dem seiner römischen Verwandtschaft! Was willst du mehr als einen Kardinal als Onkel in Rom? Vielleicht sehen wir bald ein paar Ketzer brennen!"

„He du, ob der neue Erzbischof jetzt auch noch zur Pichlerin schleicht?" schreit eine rauhe Stimme einem andern ins Ohr, doch der Gefragte hat nur ein ärgerliches: „Pst, du Esel, von derlei Dingen weiß man jetzt nichts mehr!" Und die Salome erkennt in diesen beiden nur zu gut zwei Fuhrknechte des Kaufmanns Christof Weiß, der um ihre Base Felizitas wirbt.

„Soll ein freigebiger Herr sein", zischelt ein altes Weiblein aus zahnlosem Mund, und ein abgerissenes Mannsbild, dem die Augen tränen, weil es mit dem Schnaps so gut Freund ist, lacht behaglich: „Hoffentlich weist sich das bald, dann meine besten Segenswünsch für ihn!"

Die beiden gutgekleideten Männer, die sich vorhin über die Gründe der Wahl unterhielten, werden wieder näher zu Salome geschoben, und sie versteht nun besser: „Nein, gewiß, er ist noch keine dreißig Jahr, der Papst muß ihm erst die Altersdispens geben..."

Der Salome flackert eine törichte Hoffnung auf, daß der Heilige Vater die verwehren könnte, aber das Gespräch der beiden Männer nimmt sie ihr gleich: „Kunststück, so eine Dispens zu erhalten, wenn der Onkel-Kardinal sich ins Zeug legt!"

Mit erneuter Bitterkeit muß sie daran denken, daß nun der Einfluß dieses immer wieder genannten Onkels verwendet wird, ihren Wolf auf eine Höhe der politischen und kirchlichen Macht zu erheben, die es ihr, dem Bürgerskind, auf immer verwehrt, an seiner Seite ein geruhsames persönliches Glück zu finden.

Erloschen ist ihre Hoffnung auf Wolfs Romreise, abgeschnitten jeder Zukunftstraum. Es wäre die adelige Herkunft des Geliebten schon schweres Hindernis genug gewesen, doch diese Wendung muß ihr den Mann nehmen für immer.

Salome Alt geht heim, als wäre sie eine alte Frau, so schleppend und unsicher setzt sie die Füße voreinander. Es ist nur gut, daß niemand Zeit hat, sie zu beobachten, und so kann sie in ihrer stillen

Kammer den ersten Schock überwinden. Sie weint auch jetzt nicht. Sie hat selbst als Kind wenig von dieser weiblichsten Waffe Gebrauch gemacht, und unverständlich bleiben ihr die Gespielinnen, denen die Tränen gleich neben dem Lachen sitzen. Es ist das mit ein Grund, warum man sie einer gewissen Gefühlskälte zeiht, aber es ist nun einmal nicht anders. Die Salome mag es nicht, wenn man in ihrem Herzen blättern möchte wie in einem Bilderbuch, und daher gibt sie das Lachen und das Weinen, die Schlüssel zum Inneren eines Menschen, nur selten den andern preis. Hat sie doch herausgefunden, daß die Nächsten an diesen beiden menschlichen Regungen sich gar so gerne in der Mitmenschen intimste Bezirke einschmuggeln wollen und sich dann ungebührlich breit machen, auf eine Art Mitwisserschaft pochend, die ihnen Grund für manche plumpe Vertraulichkeit bietet. Bei Wolf allein hat sie eine Ausnahme gemacht. Ihm galt ihr Lachen, und an seiner Brust hat sie sich ausgeweint. Nun kommt sie sich verkauft und verraten vor, denn sie kann nicht glauben, daß der Geliebte gar keine Ahnung von der ihm zugekommenen Ehre hatte, und sieht in seinem Schweigen in den letzten Wochen nur bittere Bestätigung, daß sein Ehrgeiz sie bereits geopfert hat.

Herrn Janschitzs Besuch im Gewölb des Kaufmannes Alt wird nun noch viel größere Dienstbeflissenheit entgegengebracht, als wie er nur der Diener eines jungen Domherrn war.

Herr Wilhelm Alt kommt höchstpersönlich aus dem Kontor; zu edle Kundschaft vertritt dieser Mann! Doch der winkt lachend ab: „Bemühet Euch nicht, Ratsherr, die Jungfer Salome kennt alle unsere Wünsche schon, und was wir nun noch dazu brauchen, das lernt sie schnell!"

Und wieder hält die Salome die Bestellisten in den Händen. Und während ihre Augen über die nun weit längeren Reihen gleiten, stutzt sie jäh. Ein unscheinbares Blatt ist eingelegt. Und unverkennbar ist ihr die Handschrift. Es sind nur wenige Worte, aber sie lassen ihr alles Blut zum Herzen fließen: „Hab Geduld — W."

Vor ihren Augen tanzen die Buchstaben, und als sie nun in des Janschitz lächelndes Gesicht sieht, stößt ihr das Blut wieder in die Wangen, und ihre Hand steckt flink den kleinen Zettel in die Schürzentasche. Und dann sagt der Diener dieselben Worte, die sein Herr schrieb, aber daß jeder ihnen eine harmlose Bedeutung geben muß: „Ihr müßt Geduld haben mit den Bestellzetteln, Jungfer Salome, wir müssen uns erst gewöhnen an die neue Lage! Kann recht leicht sein, daß wir nun öfters Euch bemühen müssen, weil wir so schnell den Überblick nicht haben, was alles nottut."

„Oh", sagt Salome und nimmt den Fangball auf, und plötzlich sitzt der Schelm in ihren Augen: „Es soll mir an Geduld nicht fehlen, und ich will hoffen, daß ich es auch jetzt wieder recht mache!"

Wie weggeblasen sind die bösen Zweifel, und der jungen Herrin Stimme zwitschert nur so durch das Gewölb und läßt die Burschen springen, auf daß Seine Erzbischöfliche Gnaden vom Besten bekämen und ohne Fehl all das Gewünschte sei. Der Janschitz steht vergnügt dabei und erzählt, was man gerne von dem Fürsten wüßt: „Ja, gewiß, schon sind die Herren weg, die Altersdispens und Confirmationsbulle bringen werden, und es ist nur zu hoffen, daß bei den unsicheren Zeiten ihnen kein Zwischenfall die Fahrt verzögere! Auch nach Bayern habe das Kapitel dem Herzog Wilhelm die Wahl gleich bekanntgegeben, und der Herzog drückte seine größte Zufriedenheit über die Ernennung des Raitenauers aus und hat ihn zur feierlichen Fronleichnamsprozession nach München eingeladen. Es wären also lauter Vorzeichen, die dem jungen Fürsten einen guten Einstand verhießen."

Salome hört genau hin, auch wenn sie den Gehilfen schilt, und manche Frage wirft sie dem Janschitz ein, die ihr schon lange auf dem Herzen brennt, und auch der Diener errät vieles und nimmt es ihr vorweg.

Als Salome dann allein ist und wohl zum zehnten Male die magere Botschaft liest, will ihr der Mut wieder sinken. „Geduld, Wolf Dietrich, hätt ich wohl, aber ob auch du sie hast?" grübelt sie in den Spiegel hinein, während sie die golden-braunen Haare nur mühsam bändigt, und die grauen Augen in ihrem Spiegelbild forschen, ob es sich lohnt für einen Erzbischof, beständig zu bleiben bei dieser Wahl.

Der Frühling hat seine ganze Pracht übers Land geworfen. Als alle Bäume blühten und die Schwalben schon wie blaue Pfeile in der Mailuft rund um die Festung schießen, da ist die Gesandtschaft aus Rom wieder da mit Confirmationsbulle und Dispens, und der junge Erzbischof zieht noch am selben Abend vom Keutschacher Hof in die Residenz, die ihm erst jetzt wirklich gebührt.
Der Salome wird dieses Ereignis zugleich mit ganz Salzburg auf recht eindringliche Weise kund, als plötzlich vom fürstlichen Hauptschloß Hohensalzburg „etliche Freudenschüß mit den großen Stucken" getan werden. Die Kaufmannstochter hat es so erschreckt beim Milchnachmessen, die wie alltäglich ihr der Bauer bringt, daß die milde Gottesgab schier aus dem Eimer schwabbert, und sie will's hingehen lassen, wenn das Maß nicht ganz voll. Dem Bäuerlein ist's recht, und es mag lieber nach dem Spektakel sehen, als daß die kritischen Augen der Jungfer etwa entdecken, daß heut die Rahmschicht etwas dünn ist. Es freut sich auch der

Lehrbub von nebenan, als Meister und Gesellen vor die Haustür treten; und schon klappern die Holzpantoffel der Buben, die die Neuigkeit in jedes Gäßchen und in jedes Haustor schreien: „Der Erzbischof zieht um, er ist schon in der Residenz!"

So gibt der junge Fürst denn seiner lieben Stadt einen raschen Feierabend, und das danken ihm die Schenkwirte am meisten, denn während am Bischofshof die Gesandten mit ihrem Herrn tafeln, trinkt der kleine Mann auf das Wohl der Großen. Und hart verdiente Kreuzerlein entspringen manch einem sparsamen Säckel.

„Die Jungfer Salome hat morgen, Schlag zehn Uhr, in der Residenz zu sein!" Der Diener Janschitz meldet es mit kühler Freundlichkeit noch spät am Abend dieses Maitages im Altschen Geschäft, und die Brüder besprechen aufgeregt den Fall. Ob es nicht schlauer wäre, es ging doch ein Mann? Ein groß Geschäft scheint da zu winken! Vielleicht wäre es möglich, die Alleinbelieferung der erzbischöflichen Küche in die Hand zu bekommen? Vielleicht brauchen sie neuen Damast und Linnen, der neue Herr ist von der sparsamen Sorte keiner; das sah man schon, als er noch Domherr war — nun wird er nicht knickerig sein, wenn es gar nicht die eigene Tasche ist, aus der er zahlt. Das Mädel ist tüchtig, ganz bestimmt, aber wo soll sie rasch sich den Gewinn überschlagen im Kopf, wenn sie die Einkaufspreise gar nicht sicher wissen kann? Da muß schon einer hin, der seine Bücher kennt und weiß, wo man die Spanne des Verdienstes weiter ziehen kann, weil nirgends eine Konkurrenz, und wo man billig sein muß, weil sonst ein anderer dich unterbietet und dir auch das ausgiebige Geschäft aus den Händen reißt. Der neue Herr ist aus dem Lande hinter dem Arlberg, dort lassen sie sich nicht gern betrügen. Es mag der Jud selbst nicht mit denen handeln. Die lassen keinen luckerten Heller mehr her, als sie sich einmal ausbedungen.

Doch des Erzbischofs Abgesandter winkt ab: „Es kommt die Jungfer Salome!" sagt er so knapp, daß niemand den Befehl mehr überhören kann. Der Salome aber lächeln seine Augen zu, und die fürchtet sich nicht vor dem Auftrag, auch wenn die Brüder händeringend nun bemüht sind, in ihren hübschen Kopf rasch alle Zahlen hineinzustopfen, von denen beim erzbischöflichen Geschäft die Rede sein könnte.

Salome ist so hübsch, als sie am andern Morgen in ihrem Sonntagskleid bereit ist, daß selbst die Brüder wohlgefällig sie betrachten. Nur Vater Alt runzelt die Stirn, als der Älteste lachend ruft: „Vielleicht verlernt auch ein Alemanne das Rechnen bei so schönen Augen!"

Fast hart läßt da der alte Herr den Jungen an: „Schweig, wir haben unsere ehrliche War und nicht das Mädel dem erzbischöflichen Hofe anzubieten!"

Salome ist froh, dem Wortgeplänkel zu entschlüpfen, und läuft vor dem lauen Maiwind so leicht dahin, wie einer von den zierlichen Sommervögeln, die sich vom Mönchsberg in die Stadt hereinwehen lassen, dem Bischofshof zu.

Der Janschitz nimmt sie schon in Empfang beim Tor, und alle ihre wohlbedachten Worte bleiben ungeredet. Sie muß niemand sagen: „Man hat mich herbestellt für heute morgen." Und niemand fragt sie um ihr Begehr. Sie geht mit dem ihr vertrauten Diener die Höfe durch an allerlei livriertem Volk vorbei, über breite Treppen, durch hallende Gänge, und plötzlich bleibt er stehen und wendet sich mit halbem Lächeln ihr zu: „Nun sind wir am Ziel, Jungfer Salome!" Und eine Tür geht auf und schließt sich wieder hinter ihr. Ein Schimmer von nie gesehener, feierlicher Pracht legt sich für eine Sekunde bang aufs Herz, doch fast im gleichen Augenblick ist Wolf bei ihr. Es ist der alte Wolf, nicht der fremde Mann aus dem Münster, der Erzbischof, vor dem sich die Buckel nicht genug krümmen können — es ist der werbende, bittende, sehnsüchtige Wolf — ihr Wolf!

Und während sich die Salome versinken läßt in das bestrickende, niemals gleiche, mit Worten nie faßbare, mächtige Gefühl einer sich selbst vergessenden Liebe, hat das Schicksal schon beschlossen, diesen Bund hinauszuheben aus dem Alltäglichen, daß ein Mann ein hübsches Mädchen nimmt.

Es ist ein seltsam Ding um die Liebe. Sie, die so uralt wie das Menschengeschlecht ist, hat allein die Kraft, ewig neu zu bleiben. Es mögen sich Lebensbedingungen und Lebensgewohnheiten der Menschen ändern, wie sie wollen, die Liebe ist imstande, jede Umgebung nebensächlich zu machen, ob es nun eine armselige Hütte ist oder ein Palast.

Salome muß das auch erfahren, und als sie endlich gelöst, wie ein verschlafenes Kätzchen, an des Geliebten Schulter ruht, sind alle Fragen, die sie Wolf stellen wollte, versunken zu solcher Unwichtigkeit, daß es sich ihr nicht einmal lohnt, sich darüber zu wundern, daß der Raitenauer so einen kühnen Sprung auf den Bischofsstuhl tat.

Anders scheint Wolf Dietrich zu empfinden.

Als nun die erste, drängende Sehnsucht gestillt ist, kehren seine Gedanken wieder zurück zu dem größeren Spiel um Macht und Wirkungskreis, und während seine Hand noch das seidenweiche Haar der Geliebten streichelt, erwägt sein scharfer Geist schon längst die Ausdehnungsfähigkeit seiner neuen Stellung, und dieses süße Kind ist nur mehr kleiner Teil einer Unzahl Wünsche, deren Erfüllung er sich als sein Lebensglück erträumt.

Salome hört mit halbem Ohr dem kühnen Planen

zu und wird erst aufmerksamer, wenn es um Trennung von dem Geliebten geht, wie die vorgesehene Reise zu dem Bayernherzog. Nach Rom ihn ziehen zu lassen, daran hat sie sich schon gewöhnt, denn in der Reise sieht sie Dispens vom Heiligen Vater und die Erlangung eines Rechts, das jedem Mädchen erstrebenswerte Ziel, die von der Mitwelt anerkannte Frau des geliebten Mannes zu sein. München? — das hat keinen für sie erstrebenswerten Zweck! Daß gute Nachbarschaft mit den Bayern wegen des Salzes, das zwischen den beiden Ländern liegt, ein Vorteil ist, ei freilich — das will sie als Kaufmannskind gern glauben. Doch alles andere, daß der Bayernherzog für Wolfs Beziehungen zu Rom von Vorteil sein soll — erscheint ihr verworren und nicht eben klar. Klar ist, daß Wolf nach München geht — weg von ihr — und daß die Münchnerinnen hübsche Frauen sein sollen! Die Salome wiegt bedenklich den Kopf: „Ob du auch findest, daß ich so hübsch bin wie die Münchnerinnen?"

Wolf lacht schallend heraus; zu unerwartet kommt der Einwand in sein politisches Konzept, und satt ist diese Seite seiner Männerwünsche: „Was seid ihr Frauen für ein wunderliches Volk! Mein törichtes Kleines, die Münchnerinnen scheren mich nicht! Und verlaß dich drauf, der Herzog Wilhelm sorgt schon für meinen braven Lebenswandel, der gönnt dem kleinsten Pfarrerlein keine

Konkubine. Da wird er Seine Erzbischöfliche Gnaden schon wohl bewahren vor allzuschönen Frauen!"

Salome kann nun den Bayernherzog erst recht nicht leiden. Ist er so arg für einen weiberlosen Wandel, so ist er nun gewiß ihr Feind.

„Gott schütze uns vor der Weiberlogik!" ruft da Wolf Dietrich gutgelaunt. „Jetzt hilft er dir in deinen Kümmernissen, und dafür magst du ihn schon nicht unbeschaut!"

Salome wittert eigensinnig: „Glaubst du, daß er mich möcht bei dir, wenn er von mir wüßt?"

Und darin hat sie wieder recht. Das muß der Raitenauer ihr auch zugestehen. Sie hat auch noch in etwas anderem recht, doch sagt sie das dem Wolf nicht: ‚Mein törichtes Kleines!' ist ein zärtlich Wort im Munde eines Mannes, doch logisch war's in diesem Falle nicht, denn Salome ist gar nicht klein. Betrachtet man es recht, so kann sie Wolf Dietrich geradenwegs in die Augen schauen, und wenn's die Natur will, so wächst sie noch ein Stückchen, bis einundzwanzig Jahr, so sagen alle Leut, tut man das doch!

Wolf Dietrich sieht dem Mädchen an, daß ihm noch etwas auf der Zunge liegt, doch kommt's zu keiner Frage mehr, denn alle Mittagsglocken läuten, und das Kaufmannstöchterlein springt erschrocken auf: „Du liebe Zeit, was werden meine Leute sagen, die denken, ich handel mit dir für sie eine lange

Bestellung aus!" Und sie berichtet, wie die Brüder sie gestern abends noch durch das Gewölb gejagt, von einem Ballen Linnen zu dem andern, und wie sie das und jenes befühlen mußt und auseinander halten, damit sie wohl bestünde im Geschäft. Was soll sie nun den Wartenden sagen, das rechtfertigt, daß sie noch nicht heimgefunden hat?

Nun, dafür muß der Janschitz Rat schaffen. Der Erzbischof will gern den Kaufmann Alt verdienen lassen: „Schreibt nur auf, ihr zwei, grad was euch recht dünkt, ein Krämerseelchen glücklich werden zu lassen!"

Wolf Dietrich ist — die Familie Alt hat es schon richtig geahnt — ein neuer Herr, der leben will und leben läßt. Wohl denen, die ihm zu Gesicht stehen!

Und die alte Chronik erzählt: „Nach Solchem, als nun alle Sachen stattlich auf den Eintritt zurechtgerichtet worden, ist vielbesagter Herr Wolff Dietrich den 19. Monatstag Octobris Anno 1587, wie einem Erzbischof gebührt, in die fürstliche Hauptstadt eingeritten, von der Bürgerschaft mit großen Freuden aufgenommen, auch mit gebührender Reverenz empfangen und nach Vermögen begabt und verehrt worden, dermaßen so einer diesen fürstlichen Einritt der Notdurft nach beschreiben wollte, wäre dieses Buch viel zu klein, denn es haben demselben auch, neben einer ziemlichen Anzahl Bischöfen, Pröpsten und Prälaten, sonderlich beigewohnet die durchlauchtigsten hochgeborenen Fürsten und Herren Wilhelmb und Ferdinandt, die Herzögen in Bayern usw. sambt ihrem ganzen Adel, wie auch der Salzburgerische ganze Adel und die löbliche Ritterschaft..., wie auch mit allen Handwerkszechen, Zunften und Bruderschaften, und dann neben ihrem hochfürstlichen Gnaden, die vier Landherren von Nußdorf, Thurn, Thanhausen und Khuen, wie auch mit den Trabanten, Lakaien und anderen zu Fuß, wie zuvor gebräuchig war, allain etwas stattlicher von Kleidungen, wie dann etliche Edelknaben auf das allerstattlichst, wie auch Schilt-Jungen in schenen Ketten und anderem Gezieret aufgezogen, das wohl sonderlich lustig zu sechen wäre gewesen, wann es denselbigen Tag nit so sehr geregnet hätte, aber in solchem Regenwetter ist an Kleidung und anderem viel verderbt worden."

Weiß Gott, es ist ein echter Salzburger Schnürlregen, der das Spektakel unerbittlich den ganzen Tag begleitet. Und es ist gut, daß der Erzbischof seinen armen Untertanen so viel Freibier gestiftet hat und der Wein in Strömen fließt, denn ein von innen durch Alkohol erwärmter Schlund ist noch immer das beste Mittel gegen feuchte Füß.

Die Salzburger tun für ihre Gesundheit, was sie können, und heizen den durchfrorenen Körpern tüchtig ein, recht ahnungslos, daß es nicht mehr lange dauert und der Rausch wird eine recht kostspielige Angelegenheit. Denn wenn ihr großzügiger Bischof einmal sein ‚Ungelt' auf den Wein einführt, wird jeder einzelne von ihnen brav wieder an die bischöfliche Kasse zurückzahlen, was er heute über den Durst trinkt. (Weinsteuer 1588.)

Da diese Überraschung aber noch im Schoß der Zukunft aufgespart ist, so ist auch der größte Saufaus mit seinem neuen Fürsten restlos zufrieden, und die Segenswünsche müssen ein Guthaben abgeben für den Menschen Wolf Dietrich, dem gar bald auch mancher Fluch nachgeschickt werden wird.

Dieser Mann, der da so unbeweglich hoch zu Roß im strömenden Regen von Schloß Freisaal aus in seine Stadt einreitet, ist nicht dazu geschaffen, sich selbst und seinen Untertanen geruhsame Zeiten zu bringen. Sein rasch beweglicher Geist erschreckt seine Bürger oft, weil sie hilflos seinen Wünschen gegenüberstehen, die sie nicht nachfühlen können, und bei deren Erfüllung ihnen nur die harten Eingriffe in ihre eigene Beschaulichkeit und das von den Vätern her Gewohnte zu Bewußtsein kommen.

Der neue Erzbischof ist alles eher als ein friedfertiger Gottesbruder; und wenn er auch erst gestern sich in Gegenwart seiner Suffraganbischöfe, der Herzöge Wilhelm und Ferdinand von Bayern und vieler Grafen und Herren seines eigenen Landes zum Priester hat weihen lassen (zu dieser

Zeit war das nichts Ungewöhnliches; die Bischofswürde hing nicht ab von einem genauen Studiengang und Ablegung der Weihen; theoretisch war sogar ein Laie als Bischof möglich), so haben ihn diese Weihen nicht demütig und irdischen Genüssen abhold gemacht. Salzburg bekommt mit ihm den ersten Kirchenfürsten römischer Renaissanceprägung. Was ihm vorschwebt, ist ein glänzender Hof und eine weltliche Machtstellung, und so legt er das Hauptgewicht auf den Fürsten, und der Bischof ist nur das Sprungbrett für den Kleinadeligen. Das ist nichts Ungewöhnliches in Italien. Dort verträgt sich weltliche Genußsucht mit einem hohen kirchlichen Amt. Doch auf Salzburger Boden ist es neu.

Noch liegt in der herben deutschen Landschaft etwas von dem Sich-selbst-Entäußern der ersten Pioniere des christlichen Glaubens. Ein heiliger Rupert, ein heiliger Virgil dachten nicht an äußeren Prunk und Prachtentfaltung. Auch sie strebten fanatisch nach einer Vergrößerung ihres Einflusses, aber sie wollten die Seelen dem Herrn der Hölle abjagen und dem Lichte zuführen und trachteten, dies zu erreichen, indem sie ihre eigene Anspruchslosigkeit und Opferbereitschaft den Gläubigen als Vorbild setzten, als einzigen Ausweg aus diesem irdischen Jammertal.

Für Wolf Dietrich ist die Welt kein Jammertal. Für ihn ist das Diesseits schon Selbstzweck, schillernd, begehrenswert und wohl der Mühe wert, es restlos zu genießen und scharf zu verteidigen. Auch ihm liegt daran, der Ewigkeit zu dienen, aber er hat ihr einen andern Sinn gegeben. Die irdische Ewigkeit schwebt ihm gaukelnd vor, und wenn er scheinbar teilnahmslos, vom Regen unberührt und unbelästigt, durch diese alte, winkelige Stadt reitet, plant sein Kopf bereits, daß kommende Generationen sich in Ehrfurcht vor ihm als dem Schöpfer eines neuen, glanzvolleren Salzburg beugen werden, das keinen Vergleich mit dem von ihm so heiß verehrten Italien zu scheuen braucht.

Und während sein Roß in die schmutzigen Lachen leise schnaubend steigt, daß die trüben Wasser nach den Festkleidern der braven Bürger, die seinen Weg säumen, spritzen und unliebsame Andenken an den heutigen Tag hinterlassen, baut der Reiter im Geiste.

Weg mit diesen Winkeln und Ecken, diesem feuchten Gemäuer, diesen düsteren Schlüffen, in die kein heller Tagesstrahl sich verirrt! Fort mit allem, was sich da an die Residenz und das Münster andrängt, überhaupt mehr Raum zwischen sich und dem gemeinen Volk!

Der Raitenauer läßt plötzlich sein Roß tänzeln, daß die Neugierigen entsetzt davonstieben, soweit es die enge Gasse gestattet.

Doch der Erzbischof ist ein Mann, der nicht umsonst aus einem Reitergeschlecht hervorgegangen ist. Ein unmerklicher Schenkeldruck, zahm geht das Pferd, und ein leiser Hauch von einem Lächeln fliegt um den Mund des Herrn: „So werdet ihr springen und stehenbleiben und wieder springen, Leute — ganz wie ich will! Aber ihr werdet eine schöne Stadt bekommen, und die ganze Welt wird nach Salzburg sehen. Und wer es lobt, lobt mich. Lobt mich in Ewigkeit!"

Vor Wolf Dietrichs innerem Auge stehen italienische Paläste und der imponierende Prunk der südlichen Renaissancekirchen, und schon wischt er die alten, giebeligen Bürgerhäuser vor sich weg wie Kinderspielzeug. Dort, wo Generationen ehrbarer Salzburger gelebt, geliebt haben, gestorben sind, werden weite Plätze sein, die den Blick nicht hemmen zum Palast des irdischen Herrschers und des himmlischen, auf daß die Ehrfurcht wohl staunend hinüber luge, aber die Untertanen nicht dreist vertraulich werden können mit Gott und seinem Stellvertreter.

Die Tür des klobigen, geschnitzten Riesenschrankes fällt mit leisem Klinken ins Schloß. Die glatten Mädchengesichter der Karyatiden, die leicht geschürzt den Kranz des mächtigen, eichenen Ungetüms tragen, blicken teilnahmslos und ungerührt in ihrer hölzernen Regelmäßigkeit. Nur das kleine, doppelgeschwänzte Ungeheuer, das der Schöpfer des Kastens in heiterer Eigenwilligkeit an die eine Ecke gesetzt hat, inmitten harmlosen, stilisierten Gerankes, scheint die Lefzen noch weiter von den spitzen Zähnchen zurückzuziehen. Und wahrhaftig, es lacht.

Frau Salome zieht das fließende, leichte Gewand wie fröstelnd über der Brust zusammen vor dem unverwandten Blick des kleinen Scheusälchens und streicht sich unwillkürlich die Haare aus der Stirn, die ihr wirr hereingefallen sind in der eben verwehten Stunde.

Wie das alles kam?

Es war wie im Märchen: ‚Da nahm der Fürst das schöne Kind zu sich auf sein Schloß, und da lebten sie herrlich und in Freuden...'

Nur, daß die Märchen damit Schluß machen und Not und Bewährung, Hindernisse und Kampf um das Glück zu Ende sind. Ihr, der Salome ihr Märchen aber fängt mit diesem Satz erst richtig an.

Die junge Frau legt die weißen Hände an die heißen Wangen, als müßte sie sich vergewissern, daß sie es selbst, aus Fleisch und Blut ist, die hier in diesen prunkvoll ausgestatteten Räumen steht. Und durch diese Schranktür ging eben das Glück davon. Und durch sie wird es wieder kommen. Heute, morgen, jeden Tag — wirklich ein ganzes Leben lang? Es kam gestern, vorgestern, vorvorgestern. — Aber ist das Gewähr für die Zukunft? Kann dieses maßlose, ungestüme, wilde

Glück in Wolfs Armen Bestand haben? Gibt es das überhaupt?

Salome stammt aus einem alten Geschäftshaus, wo man ehrbar Geld und Gut von Mann und Frau zusammenlegt und die zugebrachte Mitgift der Gattin das Recht gibt, über Gesinde, Kinder, Küche und Keller zu herrschen, und sie Anspruch hat auf die Achtung und schuldige Ehrfurcht der Ihren und aller, mit denen sie das Leben zusammenbringt. Sie kennt sie wohl, diese ehrbaren Bürgersfrauen, denen Gott Kinder schenkt und wieder nimmt, die in der Kirche in den geschnitzten Stühlen ganz vorne sitzen, weil die Nähe des lieben Gottes auch abhängig ist von Rang und Geldsack, und die von Jahr zu Jahr farbloser und pergamentener werden oder zerfließen in formloser Üppigkeit, um eines Tages wieder weg zu sein und nichts zu besitzen als auf dem Freithof eine Grabplatte aus Untersberger Marmor.

Worauf hat sie, die Salome Alt, Anspruch? Ihre Mitgift ist ihr heißes Herz und ihre schöne Gestalt. Den Anspruch auf Achtung und Ehrfurcht ihrer Mitmenschen hat sie vertan, als sie das Haus ihres Vaters verließ und weil sie nun in diesen Zimmern wohnt, die nur der breite Schrank von den Räumen des Erzbischofs trennt. Längst weiß es die Stadt, daß der Raitenauer am äußersten Ende seiner Fürstenzimmer einen Schrank besitzt, in dem nicht prunkvolles Gewand aus Samt und Seide des

Hervorholens harrt, sondern der leer ist und dem ein geheimnisvoller Mechanismus an der hinteren Wand eine Tür gibt zu einem Glück, das einem Gottesmann verwehrt bleiben soll.

Es flüstern sich's die Bürger am Stammtisch hinter der vorgehaltenen Hand zu, und manch weinseliges Äuglein blinzelt lüstern, während der Mund entrüstet und ungläubig tut. Es schlieft das Gerücht davon durch Keller und Haus zu den Frauenstuben, und während sich die freudlos gewordenen Mütter in maßlosem Entsetzen bekreuzen und die Töchterlein warnend auf die Sünde hinweisen, hören es die Mädchen mit anerzogenem Abscheu, und gar manche mit heimlichem Neid, alle aber mit unverhohlener Neugierde.

Salome weiß genau, was in den Spinnstuben reihum geht. Die Freundinnen werden mit bedauerndem Achselzucken von ihr sprechen, als wäre sie eine geliebte Tote, die unvermutet aus ihren Reihen gerissen wurde, und die, die sie hassen, werden ihr die strafende Hand Gottes prophezeien. Doch alle, alle werden lauern, ob dieses sündige Glück nicht bald weggefegt wird von der rächenden Allmacht.

Das junge Geschöpf in dem leichten Nachtgewand atmet schwer.

Nie mehr zurück in die sorglosen Gefilde ihrer Kindheit, nie mehr in ihr Mädchenstübchen im Elternhaus gelaufen und mit einer Freundin mit baumelnden Beinen auf der hohen Erkerbank gesessen und geschwatzt und gelacht über ein Nichts!

Aber wollte sie zurück?

Salome gleitet auf bloßen Füßen über den schwellenden Teppich zu ihrem Bett hin und kuschelt sich in die seidenen Polster und Decken. Sie dehnt den schlanken Leib in wohliger Müdigkeit, während ihre Augen das Gemach überblicken, das ihr Wolf Dietrich eingerichtet hat mit aller verschwenderischen Pracht, deren seine schönheitstrunkene Phantasie fähig ist. Der große venezianische Spiegel wirft ihr Bild zurück, und die schweren Wandteppiche haben den unermüdlichen Fleiß geschickter Frauenhände eingefangen in bewegten Gestalten. Manch wunderliches Spielzeug für ihre müßigen Stunden steht bereit, und elfenbeingeschnitzt laufen die Männlein im Kreis und drehen sich Püppchen zum Tanz, wenn ihr Finger eine unscheinbare Rosette berührt. Aus goldenem Käfig springt ein Wundervogel mit Edelsteinaugen und schlägt mit den Flügeln und singt, daß die tote kleine Kehle zittert.

Vor diesem goldenen Käfig sitzt nun Murr, der Kater, der einzige, der aus ihrem Vaterhaus mitgekommen ist ins neue Leben. Der graue, unscheinbare Hauskater, der sie wieder fand eines Nachts, als ihn die Sehnsucht über die Dächer trieb und sie der laue Föhn ans Fenster. Er hat sich nun mit Würde in die neue Umgebung gefunden, und was der Fürst ihr bringt, muß auch er besehen. Nun sitzt er vor dem Käfig mit der Geduld des geübten Mäusejägers und wartet, daß das sonderbare Federbällchen endlich auch einmal herauskommt, wenn keine bischöfliche Hand ihm im letzten Augenblick den Spaß des Fangens verdirbt.

Salome lockt den Gefährten ihrer einsamen Stunden, aber nur an dem leichten Zittern der Haarbüschel in den gespitzten Ohren erkennt sie, daß der Kater sie wohl hört, aber sich doch nicht trennen kann von dem neuen Wundersamen, Begehrenswerten vor ihm.

„Murr", sagt seine Herrin schmeichelnd, und das End-Rrrr rollt so auffordernd weich, wie die Katzen untereinander sich zum Spiel einladen, „Murr, komm, laß das arme Vogerl!" Und plötzlich muß sie schaudernd daran denken, daß auch sie in einem goldenen Käfig sitzt und hinter seinen Stäben lauern Mißgunst und üble Nachred, und würden sie wohl bös zausen, wenn sie es sich einfallen ließe, das schützende Gefängnis zu verlassen, und die harte Hand des Erzbischofs wäre nicht bei ihr.

Der Kater Murr entflieht mit einem langen Satz, als seine geliebte Herrin plötzlich angefegt kommt, mit hellem Schrecklaut, und seine grünen Augen leuchten erstaunt vom Ofensims. Es hilft kein Bitten und Schmeicheln, ihn wieder herunterzulocken. Zu unbegründet schien ihm der Gebieterin Handlungsweise, und nun mag sie zusehen, ob sie allein gut in ihrem Bett schläft. Er, der Murr, liegt nun einmal auf dem Ofen, und dabei bleibt es für heute.

Salome muß sich wahrhaftig bescheiden und allein unter ihre seidenen Decken schlüpfen; und sie tut es auch. Sie rollt sich nun selbst ein wie ein Kätzchen und schläft bald den gesunden Schlaf ihrer Jugend, so daß sie nicht einmal hört, wie die Schranktür noch einmal aufgeht mitten in der Nacht und Wolf Dietrich an ihr Lager tritt.

Der Mond wirft einen hellen Streif in das Gesicht der Schlafenden, und der Erzbischof blickt fast gerührt auf so viel gelöste Lieblichkeit. Schon will er sich wieder lautlos zurückziehen, als die Geliebte etwas murmelt, das sein Name sein könnte.

Der Kater Murr sieht mit Verachtung, daß der Menschenmann auch auf einen halben, undeutlichen Anruf hört, und er verläßt verstimmt seinen Ofenplatz und bohrt den runden Kopf so lange zwischen das angelehnte Fenster, bis es nachgibt und er in der kühlen Nachtluft steht. Da packt auch ihn die Sehnsucht, und er streicht auf lächerlich schmalem Mauersims das Haus entlang, bis sich ein lohnender Sprung bietet zu einem Abenteuer hoch über den Dächern des schlafenden Salzburg.

Wolf Dietrich aber vergißt den Groll über seine Domherren, die er soeben ungnädig von der Abendtafel entließ.

„Schon?" sagt eine verschlafene schöne Frau und muß erfahren, daß ein neuer Arbeitstag sie und ihre Wichtigkeit in dem geliebten Mann auslöschen, als wären sie gar nicht vorhanden. Daß er ihr begütigend die Wange klopft, ist eine Geste, ebenso ohne Sehnsucht, wie er nun dem Kater über das Fell streicht, der mit hochgezogenem Rücken wieder zum Fenster hereinschleicht.

Wolf Dietrich steht gestrafft und konzentriert schon wieder vor der Schranktür, als er ihr noch über die Schulter hin zunickt und spöttisch sagt: „Ich darf meine Herren nicht allzu lange warten lassen. Hab mir ein hübsches Häuflein aus Stadt und Land, weltliches und geistliches Zeug, herbestellt. Wir werden einmal tüchtig umrühren! Wollen gar manchen Pfleger, Propst, Urbar und Landrichter von einem Ort zum andern befördern, etliche gar entsetzen, damit die Untertanen, vornehmlich das arme Bauernvolk, von ihnen weniger beschwert und bedrängt werden und — wir persönlich leichter sehen, was jeder im Schild führt!"

Frau Salome kennt ihren Wolf. Sie möchte nun nicht in der Haut derer stecken, die da drüben auf ihn warten. Zwei Gesichter hat ihr Herzallerliebster, und hinter jener Verbindungstür ist er nur mehr der Herrscher, streng, hochmütig, unerbittlich, und die Domherren wundern sich an jedem Tag neu, wie sie so blind sein konnten bei ihrer Wahl und sich den Bock zum Gärtner bestellten.

Ach, er ist gewiß im Recht, ihr Wolf. Wie sagte er nur, daß sie dazukamen, gerade ihn zum Erzbischof zu machen: „Sie gönnten einander den fetten Brocken nicht und gaben dem Jüngsten ihre Stimme, damit sie die aussichtsreichsten Kandidaten schwächten. Ich habe es ihnen eingegeben, und sie gingen wie gierige Gimpel auf den Leim. Weiß Gott, ich habe mir so viel Dummheit aus Neid nicht zu erhoffen gewagt!"

Es ist nur recht und billig, wenn er diesen eitlen Hohlköpfen nicht zu viel Stimme läßt in den Regierungsgeschäften. Salome ist stolz auf Wolf Dietrich. Welche Frau wäre es nicht auf den Geliebten, dessen Stern so jäh aufstrahlt, daß es einem den Atem benimmt? Ja, sie ist glücklich und stolz auf diesen Aar, der sich zur Sonne schwingt. Keiner ist so klug wie er, keiner so scharfen Geistes, keiner so gewandt, und bestimmt auch keiner so guten Willens. Nur manchesmal wird ihr bang. Die Salzburger verstehen ihn zu wenig. Er ist doch der Fremde vom Lande hinter dem Arlberg. Ihr letzter Bischof, der gutmütige dicke Georg von Khuenburg, der alles laufen ließ, wie es lief, war einer der ihren, aus Moosham gebürtig. Und nun dieser sprunghafte Feuergeist hinterher. Zu kraß ist der Wechsel! Wie die alten, leisetretenden Hofdiener aus dem Bischofshof verschwanden und Trabanten und Leibschützen Platz machten, daß man kaum mehr sich im Hause eines

Kirchenfürsten wähnt, so greift er ohne Pietät in alles Altgewohnte ein, mochte es sich nun um Verwaltungsmäßiges oder um ein städtebauliches Problem handeln.

Den meisten Kummer aber macht der Salome seine Unerbittlichkeit gegenüber den Protestanten, seit er aus Rom zurück ist. Diese gefürchtete und ersehnte Romreise hat er im Frühjahr 1588 getan, und er ist ganz vollgesogen von den römischen Eindrücken wiedergekehrt.

Eine Klärung ihrer Stellung, wie sie sich gehofft hat, ist damit nicht eingetreten. Als sie ihn einmal fragt nach der Dispens, die er für ihre Ehe sich vom Heiligen Vater holen wollte, gleitet er aalglatt darüber hinweg und versichert ihr nur, daß der Heilige Vater ihm überaus gewogen wäre und daß — der Kardinalshut ihm nicht mehr lange vorenthalten würde. Seine Beredsamkeit um diesen erwarteten und ersehnten neuen Zuwachs seiner Macht ist so groß, daß der Salome wieder einmal die Lust am Weiterfragen genommen wird. Er schwärmt ihr vor, wie diese Kardinäle leben, und hat sich seltsame Bilder mitgebracht von dort, wie etwa das von der Antikenhalle des Kardinals a Valle in Rom.

Das Salzburger Bürgerskind sieht staunend in einen antiken Hausgarten, in dem die heidnischen Götter und Göttinnen nur so reihum stehen, ganz oder zerbrochen, aber auf jeden Fall so leicht bekleidet, daß einem die Schamröte in die Wangen schösse, müßte man darin herumgehen mit den Gästen.

Wenn die in Rom so duldsam sind mit den alten Heidengöttern, warum um Christi willen diesen Haß gegen die Protestanten, denen man doch kaum viel Übleres nachsagen kann, als daß sie die Bibel gerne deutsch lesen statt in dem verzwickten Latein. Und wenn ihr Martin Luther Rom nicht vorbildlich für die Deutschen findet, so könnte sie es fast begreifen nach den Zeichnungen, die Wolf sich mitgebracht hat aus den italienischen Malerschulen. Weiß Gott, die nackten Engel und das viele Fleisch würden den Salzburgern weit anstößiger erscheinen, als wenn der Lutherische Pastor mit einem angetrauten Eheweib nebst einem Haufen eigener Kinder die Schäflein seiner Gemeinde auf gut deutsch betreut. Was hier in Salzburg nach der neuen Lehre lebt, ist bestes Bürgertum. Ist nicht der Christof Weiß, der angesehene Kaufmann, der um Base Felizitas wirbt, ehrenwert und treu wie Gold, wie kaum ein zweiter in der Stadt? Und der Isaak Zott, der Gasteiner Gewerke, der in ihrem Elternhaus aus und ein geht, ist er nicht rechtschaffen und ohne Tadel?

Wolf Dietrich küßt seine Salome — er tut das immer, wenn er ihr nicht Rede stehen will, und spöttelt lachend: „Mein kluges Mädchen soll nicht so viel denken, 's ist reine Männersache und nennt sich Politik." Und setzt fast finster fort: „Glaubst du, der Kardinalshut kostet nichts? Und daß der Papst das Stänkern der Bayern gegen mich überhört? Da muß ich wohl katholischer noch bellen als die Brüder von dort drüben!"

Da ist sie, die Gefahr, die Salome dumpf ahnt und doch nicht in Worte fassen kann. Der Bayernherzog und das Salz. Der alte Streit zwischen Salzburg und den Nachbarn! Doch was kümmert das den Papst? Wenn man ihm kommt mit Klagen über Wolf Dietrich, da kann es nur sein Lebenswandel sein. So ist es sie, deretwegen Wolf Dietrich so viel Trauer in manche Salzburger Familien bringt? Recht viele Ketzer, zur Raison gebracht, wiegen ein Bischofsliebchen auf und machen einen Mann würdig für die Stellung eines Kardinals. Sie weiß, niemand kann ihr Schuld geben an dem Verhalten des geliebten Mannes. Aber es ist schwer, ihn zweierlei Maß nehmen zu sehen. Er greift hart zu gegen die Unglücklichen und hält sich doch selbst nicht genau an die Forderungen seiner Kirche.

Was es heißt, aus Heim und Hof vertrieben zu werden, kann er nicht ermessen, der von frühester Jugend herumgezogen ist, in dessen Adern Soldatenblut rollt und dessen schönste Erinnerungen in der Fremde liegen. Sie, die Salome, aber ahnt es. Auch sie hat ihr Vaterhaus verlassen für immer. Freilich freiwillig, aber trotzdem schmerzt der Verlust sehr.

„Auch die Ketzer gehen freiwillig", sagt Wolf Dietrich, „wenn sie ‚auf die treuherzige und väterliche Vermahnung, Information und Unterweisung und den ihnen gegebenen Termin auf ihrer gefaßten widerwärtigen Meinung stracks verharren'!"

Ist es gerecht, wenn man Leute, die niemand etwas in den Weg legen, so in eine Gewissensnot bringt? Die besten von ihnen bleiben standhaft und gehen, das Pack bleibt und schwört ab. Der Christof Weiß geht, und die Felizitas, die Gefährtin aus der Kindheit, wird ihm folgen, ob sie nun der Erzbischof die Mitgift mitnehmen läßt oder nicht.

Salome brennen die Wangen und blitzen die Augen, als sie das dem Geliebten sagt. Sie sieht die Zornesader auf seiner Stirne schwellen und weiß bestürzt, daß sie mit ihrem Versuch einer Vermittlung kläglich gescheitert ist.

Unbegreiflich ist ihr diese Seite Wolf Dietrichs. Sie hat das Gefühl, daß er ihr innerlich zustimmt, und er weicht deshalb doch nicht einen Finger breit von seinem Edikt ab. Ist das so Männerart oder ist es nur gerade bei diesem Mann so? Die Salome ist noch so jung, daß sie es nicht entscheiden kann. Doch liebt sie den Raitenauer so sehr, daß ihr Herz nach jeder Entschuldigung greift, und wäre sie noch so fadenscheinig: „Es ist Herrenart!" Er kann nicht sagen, wie Wilhelm Alt es manchmal tat: ‚Hast recht, Mutter!' und zurücknehmen, was er angeordnet hat.

Nun, das kann Wolf Dietrich wahrhaftig nicht, und es ist wohl auch das Allerschwerste, was man von einem Menschen verlangen kann, der so gejagt wird von seinem Ehrgeiz wie dieser Mann, dessen Stern so unvermutet steil im Aufgehen ist.

Es ziehen also viele Salzburger Bürger, ‚welche ihrer Güter und Reichtums halber der fürstlichen Hauptstadt Salzburg, den Handwerksleuten und der ganzen Gemeinde sehr wohl angestanden wären'.

Salome aber bekommt wieder einmal ein gar prächtiges Halskettlein zu ihren vielen anderen dazu. Herr Wolf Dietrich kann freilich nicht ahnen, daß er mit der Ausweisung des Christof Weiß ihr, der Salome, für späterhin auch noch etwas Gutes tut. Weil nämlich jener Christof Weiß in Wels bald wieder festen Fuß faßt und Frau Salome und ihren Kindern eine Heimstatt bietet, als der Erzbischof längst nicht mehr für sie sorgen kann.

Vorläufig allerdings können das die beiden nicht absehen. Und Salome wirft erbittert das Kettlein in das ‚Trüchl', weil ihr ist, als sollt es ihr eine liebe Base abkaufen.

Und doch muß sie noch eine zweite Niederlage heut verwinden. Es stellt sich nämlich heraus, daß sie in Wolfs Armen den Kummer der Felizitas vergißt, und darüber grollt sie sich im nachhinein noch selber. Und weiß nicht, daß gerade darin ihre größte Macht über Wolf Dietrich liegt; daß die grenzenlose, freudige Hingabe der Mann braucht, dessen ungestümer Charakter immer wieder den Widerspruch seiner Umgebung herausfordert, offen oder nur an den Augen ablesbar, aber ihm spürbar immerhin.

Wenn er der Salome in die klaren Augen sieht, so liest er nur die Sehnsucht nach seiner Person darinnen und die tiefe Freude über sein Kommen, ohne jeden Vorbehalt. Und für die kurze Zeit, die er sich bei ihr gönnt, ist aller Mißmut fortgewischt.

„Was fehlt dir, Salome?" fragt die vertraute Männerstimme besorgt.

Die schöne Frau hört es wie hinter einem dichten Samtvorhang und versucht, sich ein Lächeln abzuzwingen. Sie kämpft schon die ganze Mahlzeit gegen dieses sonderbare Gefühl an. Ihr erscheinen alle Gerüche aufdringlich und widerwärtig, und sie nimmt gerade nur so viel auf ihren Teller, daß der Erzbischof nicht merken soll, wie wenig es ihr mundet.

Wolf Dietrich ist ein Feinschmecker, er weiß erlesene Genüsse zu schätzen, und er ist vertieft in das Zerlegen eines saftigen Hühnchens. Salome hofft, daß sie ihren Teller rasch wechseln kann, ohne daß es ihm auffällt. Aber nun gibt es noch Salzburger Nockerl, ein Zugeständnis an ihr Vaterhaus; das gebackene Gedicht aus Eiern und Zucker, das niemand nachmachen kann, der nicht das Geheimnis von einer echten Salzburgerin anvertraut bekam. Wolf kannte es nicht, als er aus seiner Heimat kam, und in Italien, im Collegium Germanicum, hat man die Jünger des Herrn auch anders gefüttert. Salome fürchtet sich heute davor. Denn nun geht die Neckerei wieder los. Wolf behauptet, davon äßen die Salzburgerinnen so viel, weil sie sich dem Namen so verwandt fühlen, aber er gibt freimütig zu, sie wären ohne Zweifel sehr appetitlich. Es ist zu wetten, daß er sich behaglich zurücklehnt und ihr zusieht, wie das Salzburger Nockerl die Salzburger Nockerl ißt. — Ach, und ihr ist heute so gar nicht nach Scherzen und Schauessen zumute. Sie wollte, Seine Erzbischöfliche Gnaden äße heute mit seinen Domherren und Hofräten, aber das patriarchalische Mahl, das den ganzen Hofstaat am selben Tisch vereint, hat er längst abgeschafft, ‚da er nit täglich eine Tafel halten wolle, sondern nur nach seiner gnädigen Gelegenheit‘. Und was ihr sonst Freude macht, dieses ungezwungene Beisammensein mit dem Geliebten, ist ihr heute leid. Der Janschitz kommt schmunzelnd herein mit dem Leibgericht, und die schöne Frau lehnt sich bleich in ihren Sessel zurück. Wahrhaftig, in diesem flaumigen, hellgelben, bräunlich überkrusteten Gericht ist Schwefel drin! Die Salome spürt den giftigen Dampf aufsteigen zu sich, wie der getreue Diener mit dem silbernen Vorleglöffel ihr anrichtet, und sie muß flüchten vor der wilden Übelkeit, die über sie hereinbricht. Ein samtüberzogener Stuhl poltert zu Boden, so jäh springt die Salome auf, aber sie kommt nicht weit. In ihren Ohren braust und singt es, und vor ihren Augen tanzen feurige Kreise, und noch einmal hört sie wie in weiter Ferne Wolfs Stimme: „Um Gottes willen, was hast du, Salome?"

Als Salome wieder erwacht, liegt sie auf ihrem Bett, und eine Dienerin wechselt eben einen feuchten, kalten Umschlag auf ihrer Stirn, und der Hofchirurg schlürfelt auf leisen Sohlen zur Tür hinaus.
Sie hört nun deutlich des Erzbischofs Stimme im andern Raum, die den gelehrten Mann anherrscht: „Ich will die Wahrheit wissen, die volle Wahrheit!"
Die Stimme des Mannes ist laut und gewalttätig, und Salome muß fast belustigt denken, wie wenig ihr Wolf in Krankenstuben taugen würde. Aber sie fühlt sich gar nicht mehr krank und möchte am liebsten aufspringen und den Geliebten beruhigen. Nur will sie lieber noch hören, was der Medikus antwortet. Der gelehrte Herr aber flüstert etwas, und es ist anscheinend etwas Ausweichendes, denn schon klingt es drohend und sehr bestimmt: „Heraus mit der Sprache!", worauf der Hofmedikus seine Stimme zwar etwas hebt, aber die Salome

davon nicht klüger wird, denn es sind nun wohlgedrechselte Sätze in dem geheimnisvollen Latein. Der Arzt redet eine ganze Weile dahin, und dann ist es totenstill.

Plötzlich aber lacht der Erzbischof, wahrhaftig, er lacht! Erst wie unterdrückt und bei sich selbst noch unschlüssig, und dann immer freier und fröhlicher heraus, daß es durch die Wände schallt und die Dienerin betreten zusammenschrickt und sich wie schützend vor ihre junge Herrin stellt, als müsse sie dieses ungebührlich laute Gelächter mit ihrem Leib auffangen, daß es die arme Kranke mit seiner Gefühllosigkeit nicht beleidige. Dann hört man einen dumpfen Schlag, als schlüge einer einem andern auf die Schulter oder in den Rücken, es fällt noch etwas zu Boden, was nach Geld klingelt, gedämpft von einem ledernen Beutel, und es orgelt die erzbischöfliche Stimme: „Da nimm und spring, Bader, du wirst so unrecht nicht haben!"

Dann steht er vor Salome.

Eine Handbewegung scheucht die Dienerin hinweg, und in seinen Augen tanzen tausend lustige Spotteufel, als er sagt: „Das Krankenwarten tu ich mir selber!" Doch kaum ist die Gute widerstrebend gegangen, kniet ein zärtlicher, behutsamer Wolf Dietrich an Salomes Lager. Er sagt in die zwei grauen Augen, die unsicher und etwas ängstlich zu ihm aufblicken, weich und sanft hinein: „Mein Armes, was hast du für einen rohen Mann!" Seine

Lippen suchen ihre weißen Handgelenke, und sein Kinn reibt sich in ihren Handflächen, als er halblaut weiterfragt: „Was tust du jetzt mit dem Vater deines Kindes?"

Salome kann's nicht hindern, daß ihre Hände entsetzt zurückzucken und daß ihr alles Blut zum Herzen fließt und der Schrecken ihr die Augen weit aufreißt. Wolf Dietrich aber hält sie fest und sitzt bei ihr auf dem Bettrand und streichelt und redet ihr zu in halben, törichten Sätzen, wie eine Mutter ihr verschrecktes Kleinkind tröstet, das weniger den Sinn der Worte erfaßt als die schützende Liebe fühlt, die aus den Lauten es anweht und beruhigt.

Der schönen Salome wird es beglückende Gewißheit, daß dieser eigenwillige, mächtige Despot bereit ist, ein ganz bürgerlicher, gewissenhafter Familienvater zu werden, so unwahrscheinlich das zu seiner Stellung paßt und so unmöglich es erscheint. Und eine erleichterte Fröhlichkeit quillt in ihr auf, und sie kann neckend zurückfragen: „Was tust denn du mit der Mutter deines Kindes?" Und nicht die leiseste Bangigkeit ist mehr vor seiner Antwort, die genau so kommt, wie sie sie erwartet: „Sie lieb haben, heute und immer, meine Salome!"

„Das sind schöne Geschichten, Altemps", die welke Greisenhand des Papstes schiebt dem Kardinal den Brief der kaiserlichen Hofkanzlei zu, „nun stellt sich sogar der Kaiser gegen die Kardinalswürde, die wir Eurem Neffen zugedacht haben! Nicht nur, daß mich der Maximilian von Bayern mit seinen Klageliedern quält, nun hat er sich die allerhöchste Unterstützung geholt. — Ihr könnt mir glauben, Altemps, mir persönlich ist der Raitenauer nicht unsympathisch, und mir tut leid, daß wir ihm Hoffnungen machten. Doch scheint es mir selber nicht die gegebene Stunde, die andern Herren so vor den Kopf zu stoßen.

Es ist ein merkwürdiges Ding mit diesen Deutschen." Der Papst blickt sinnend aus den hohen Fenstern in den erwachenden italienischen Frühling hinein. „Sie fallen sich ständig gegenseitig an und gehen noch ins Ausland, einander zu verklagen. Der Italiener bleibt doch zu allererst Italiener. Der Franzose und der Engländer sind sich auch immer ihrer Nation bewußt. Und mögen sie sich noch so sehr hassen, so gönnen sie dem verachtetsten Landsmann doch eher einen Erfolg als dem Besten aus einem andern Volk.

Wie anders sind die Deutschen! Sie suchen so beharrlich die Fehler im eigenen Fell und sind fanatisch darauf aus, einander bloßzustellen. Und dabei bin ich noch überzeugt, sowohl der Max als auch der Kaiser glauben wirklich, mit ihren Einwänden der Kirche zu dienen, wenn sie dem Deutschen Reich den Kardinalshut des Salzburgers unmöglich machen. — Im übrigen, Altemps", der Papst lacht gutmütig, „was macht denn der neue Skandal um Euren Sohn Robert? Habt Ihr's mit Geld verpflastern können, die Wunde, die der jähzornige Bursche dem Freunde stieß? Und Euer Töchterlein? Es ist nun etwas ruhiger geworden um das hübsche Kind! Ihr wäret der richtige Mann, den Raitenauer aus eigener Erfahrung aufzuklären, wie unvorteilhaft es ist für einen Gottesmann, sich mit Kind und Kegel zu belasten!"

Der nun so persönlich beleuchtete Kardinal bemüht sich, verbindlich zu lächeln. Es gelingt ihm nur sauersüß. Und er grollt dem so ausdauernd protegierten Neffen ehrlich, weil er ihm dazu verholfen hat, daß der Heilige Vater sich an seine Jugendsünden erinnert. Er war nun so geruhsam alt geworden, und Rom gewöhnte sich an seine Kinder, wie man sich eben an mißratene Sprößlinge einflußreicher Männer gewöhnen muß. Sie gehörten zum nichtstuenden und nur verbrauchenden Strom der Sippe, die sich um jeden der mächtigen Kirchenfürsten sammelt, und man rechnet sie ihm kaum noch als leibliche Kinder zu, zumal ihre Mütter längst verschwunden sind.

Wolf Dietrich aber, dieser begabte Querkopf, den der Onkel immer fast ein klein bißchen beneidet, weil er so scharfen Geistes ist und seine

Eloquentia dem alten Herrn gut passen würde in seiner Stellung unter diesen redegewandten Italienern, — Wolf Dietrich, hinter den beschneiten wilden Bergen, benimmt sich nun unklug wie ein verliebter Studiosus. Er setzt das Bürgermädel mit dem hohen Leib glatt an die Tafel, die er zu Ehren der Abgesandten des Kaisers oder des Bayernherzogs gibt und tut, als wäre das ihr gutes Recht und sie die Hausfrau genau so wie er Hausherr in der erzbischöflichen Residenz.

Der Kardinal streicht sich mit spitzer Zunge über die bläulichen Lippen: er war selbst ganz bestimmt kein Kostverächter, doch unverständlich bleibt ihm solche gewaltsame Mischung von Repräsentationspflicht und persönlichem Vergnügen. Man könnte es auch anders nennen: zu hausbacken-ehrbar ist das Verhältnis seines lieben Neffen mit Salome Alt. Wenn sie ein schillernd Pflänzchen wäre, als Eintagsfliege jedem der hohen Gäste gleich erkenntlich, die Zeit nähme es hin, wie man ein kostbar Schaustück aus Tragant auf einer fürstlichen Tafel bestaunt und doch nicht einrechnet in die Mahlzeit. Doch diese stille, schöne Frau, der man das Unbehagen über ihr Zur-Schau-gestellt-Werden an den Augen abliest, ist so eine unerwartete und nicht berechenbare Größe in dem erzbischöflichen Haushalt, daß man sie nicht nachsichtig übersehen kann. Gewiß, Wolf Dietrich tut sein Bestes, dem Papst zu Gefallen zu sein und recht viel Ketzer außer

Land zu jagen, doch bietet dieses seltsame Getu', als wär er ein braver Ehemann, der seinem Weib die schuldige Ehrfurcht von allen Seiten beharrlich eintreibt, eine ewige Handhabe, an ihm herumzumäkeln.

Der Onkel Kardinal nimmt sich vor, im nächsten Schreiben recht deutlich seinem Neffen die Unsinnigkeit dieser Handlungsweise vor Augen zu führen, und gönnt es ihm fast ein klein wenig, daß er ihn auf den Kardinalshut noch vertrösten muß. Und seufzt doch sehnsüchtig hinterdrein, als er die gichtischen Glieder über die breiten Treppen hinunter müht und denkt, wie schön die Jugend war, als ihn ein Frauenlachen noch das Herz schneller schlagen ließ. Heute ist dieses ehemals so heiße Herz ein schmerzhaft müdes Ding, das selbst den kleinsten Ärger registriert. Weiß Gott, ihn rührte keine Salome Alt, und hätte sie die Schönheit aller heidnischen Liebesgöttinnen im weißen Leib vereint. Und — wie kommt er dazu, daß ihm wegen dieser Frau heute die Trüffelpastete nicht schmecken wird, die er sich vorbestellt, und die Nachtigallenzungen, für deren Zubereitung er sich das alte lateinische Rezept vom besten Lehrer des Collegium Germanicum übersetzen ließ?

In Salzburg aber geht eine junge Frau dem Sommer ihres Lebens zu. Salome Alt hat sich diesem neuen Dasein restlos ergeben. Der harte Arm des Erzbischofs liegt schützend um sie, und sein Auge wacht scharf darüber, daß die Geliebte ihre Stellung nicht als rechtlos und entwürdigend empfinden soll. Sie hat nichts zu verbergen. Sie ist die erste Dame des Landes, und das Kind, das sie erwartet, ist das Kind des Herrschers.

„Er ist imstande und läßt die großen Stucke auf der Hohen Festung es hinausböllern übers Land, wenn es so weit ist!" sagt der Bürger an seinem Stammtisch belustigt und heimlich, aber diese Seite des erzbischöflichen Tuns ist nicht die schlimmste, die die Kritik seiner Untertanen herausfordert. Daß er die Salzburgerin Salome so gut hält, ist noch eher ein Gutpunkt für den Fremdling auf dem Bischofsstuhl, denn Fremdling bleibt er der Stadt, und man sieht ihm und seinem Tun zu mit gespannter Neugier, doch auch mit tiefem Mißtrauen, wie etwa dem exotischen Tier, das irgendein fahrender Geselle zum Bestaunen auf dem Jahrmarkt anbietet. Weiß man doch nie, ob jenes fremde Geschöpf nicht plötzlich aufspringt und die Zähne zeigt; vielleicht hat's giftige Krallen oder einen Stachel, dem ahnungslosen Bürger Tod und Verderben bringend; vielleicht bleibt's ruhig liegen in der Sonne und schläft, und man könnte ungestraft die bunte Haut befühlen.

So und nicht anders geht es den guten Salzburgern mit ihrem Fürsten, man verzeihe den Vergleich! Vielfältig ist, was er den Untertanen zumutet. Gewiß, er ist freigebig, er läßt nicht nur den hausarmen Bürgern und Inwohnern der Stadt, sondern den Armen im ganzen Erzstift dermaßen reichlich täglich Almosen spendieren, daß die armen Leut zuziehen wie die Motten zum Licht, nicht gerade zum Wohlgefallen der Stadtältesten, die er aber auch bei anderen Dingen längst nicht mehr befragt.

Daß er in die Hohenfestung und ins Schloß Werfen starke Abteilungen Soldaten legt, findet der Bürger zwar erstaunlich für einen Bischof, aber da der Türk immer unruhiger wird, so gibt es der Stadt ein Gefühl der Sicherheit und den Schankwirten und den jungen Mädchen eine Abwechslung. Selbst die Türkensteuer ist verständlich. ‚Zudem auch so hat dieser Erzbischof vor allem ein sonderlichen Lust zum Gepeu (Bauen) gehabt...', und die Handwerker und Taglöhner können einen hübschen Batzen Geld einstreichen, denn ‚da war alle Samstag guete und bare Bezallung ihres Verdienstes und Taglohn halber'.

Es rollt das Geld in der Stadt, freilich holt sich der Erzbischof von jedem einen Teil zurück in guten Steuern, die er mit neuen Namen zu belegen und aus dem Boden zu zaubern eine erfinderische Gabe besitzt. Das ‚Ungeld', das er auf den Wein legt, wofür er großzügig die Weihesteuer, die ihm die Bürgerschaft für seinen und noch seines Vorgängers Georg Einritt schuldig war, dem Land erließ, bringt ihm bei weitem mehr ein, als das gute Volk auf den ersten Anhieb erkennen kann, und es hilft kein Maulen dagegen. Muß man doch auch ehrlich zugeben, daß es den kleinen Mann nicht so hart trifft. Und die Leute, die die großen Gastereien zahlen können, nun, denen gönnt's der arme Schlucker und läßt sich das Kreuzerlein am eigenen Glas weniger reuen. Zumal er ehrlich zugeben muß, daß ohne des Erzbischofs großzügiges Bauen, Schalten und Walten ihm kein Heller für einen guten Tropfen übrig bliebe.

Freilich, mit dem Bauen und Planen geht es den Salzburgern nicht immer nach Wunsch und Willen; und haben sie sich mit Müh und Not an eine Änderung gewöhnt, so beschert ihnen ihr Fürst ohne Skrupel, daß er etwas Angefangenes links liegen läßt und an einer andern Ecke der Stadt seine Bauleute einsetzt und dort alles von unterst zu oberst kehrt.

„Nein", sagt Frau Salome, „das kann nicht sein, Regina!"

„Doch!" sagt das dralle Mädchen und wischt sich mit dem Schürzenzipfel die Augen: „Ich hab es selbst gesehen. Sie bauen einen zweistöckigen Gang von der Residenz zum Neugebäude, und um dessentwillen werden die Gräber umgewühlt, und vieler ehrlicher Leute Grabsteine und Gedächtnusse kommen gleichsam auf die Frei, und die Gebeinlein werden ganz verächtlich gehalten und an das Wasser der Salzach samt dem Kot und Schutt geführet! Der Stein von Eurer Kinderfrau ist auch schon weg. Ich hab ihn gleich gesucht!"

Die junge Herrin wird kalkweiß und preßt die Zähne in die Unterlippe; die Magd bereut schon, daß ihr die böse Nachricht so leichtfertig über die Lippen sprang; sie gäb was drum, könnt sie die Botschaft wieder einfangen. Doch ist es nun einmal gesagt, und heute oder morgen erfährt sie's doch, denn das Gepolter und Gehämmer der Gesellen dringt bis herüber, und Frau Salome sandte das Mädchen aus, die Ursache des Lärmens zu ergründen.

Schwer atmend steht die Frau nun am Fenster und preßt die Hände auf den hohen Leib, in dem ein kleines Wesen schon ungestüm an sein Gefängnis pocht. "Du und dein Vater, ihr tretet mir aufs Herz und ahnt es nicht!"

Wo das nur wieder hin will, was hier geschieht? Nun hat Wolf das Neugebäude noch nicht vollendet, das er als Absteigquartier für hohe Gäste bestimmt hat und das ihm selbst als Wohnung dienen soll, wenn er den geplanten Umbau der Residenz in Angriff nimmt. Er hat das Gewölb und die Stiegen wieder eingeschlagen, weil das Ganze zu niedrig geraten war, und geraume Zeit blieben die Trümmer stehen. Nun baut er diesen

Gang und läßt die Ringmauer, die um den Bischofshof läuft, abbrechen und die Friedhofsmauer, in der Taschner, Messerschmiede, wällische Krämer und Grünzeughändler neben Siegelstechern, Buchbindern und Spenglern ihre Waren anbieten, um dreißig Schuh zurück gegen den Dom setzen.

Wie sagt Regina? „Ein schönes Gewölb mit Pfeilern soll werden unter diesem Gang gegen den Friedhof zu, und die wohlhabenden Bürger können hier die Grabsteine ihrer Ahnen einsetzen lassen zu ihrer und der Verstorbenen Ehr."

Aber der alten Margret Grab ist zerstört, und niemand hat es der Mühe wert gefunden, ihr vorher davon zu sagen! Frau Salome stöhnt leise auf, weil ihr der Kummer so das Herz zusammenpreßt und das junge Leben in ihr sich bäumt und windet, als wäre es mit unzufrieden über diesen Lauf der Welt. Sie muß sich beide Hände an die Seiten drücken, um des inneren Aufruhrs Herr zu werden; und die Magd springt besorgt hinzu, wohl ahnend, daß das Herzleid hier sich trifft mit dem körperlichen Unbehagen ihrer schweren Zeit. Doch die Gebieterin winkt müde ab: nein, ihr kann niemand helfen, selbst der eine nicht, der all dies hat verschuldet.

Während sie das noch denkt, hört sie den wohlbekannten Schritt, und es ist wie schon so oft, als hätten ihre Gedanken ihn hergerufen, den geliebten, grausamen Mann, der strahlend und gutgelaunt auf sie zueilt und sie in die Arme nimmt. „Komm, wir fahren auf den Mönchsberg und essen oben. Wozu hab ich dem reichen Alt das Schlößl abgekauft und dem Puechnerberg seines und dem Frankhenmann! Hier unten in der Stadt staubt's wieder einmal, daß Gott erbarm. Das wird noch einiges kosten, bis ich da Luft bekomm, aber verlaß dich drauf, es wird! — O Salome, ich habe einen neuen Plan, ich will es dir zeigen vom Mönchsberg aus. Kann sein, wir schenken die drei alten Schlößl dort oben bald einmal her. Und du gehst endlich in einem aus und ein, das deiner Schönheit würdig ist und" — der Erzbischof beugt sich zu ihrem kleinen, rosa Ohr und flüstert neckend — „und deiner Fruchtbarkeit. Denn meine Söhne brauchen Platz und Sonne, kleine Salome, und du wirst doch nicht etwa denken, es bleibt nur bei dem einen?"

„Ach Wolf!" Nun braust es wieder über sie hin, dieses Ungestüm, diese herrische Zärtlichkeit, die gar nicht daran denkt, daß jemals jemand anderer Meinung sein könnte, diese atemberaubende Betriebsamkeit, mit der er sich immer auf eine neue Idee stürzt.

Frau Salome muß mit auf den Mönchsberg, und sie widerspricht auch nicht mit dem leisesten Wort.

Während Diener und Dienerinnen wie ein vom Habicht aufgescheuchtes Hühnervolk durcheinander flattern, um den so plötzlich gekommenen, anspruchsvollen Gast zufriedenzustellen, geht Wolf

Dietrich unbekümmert Hand in Hand mit seiner Salome durch die Sonne vor bis zu dem Platz, wo der Mönchsberg geradenwegs in die Stadt hineinzufallen scheint und man so schön in die Gassen hinuntersieht, als wären es die Häuschen aus einer Riesenspielzeugschachtel, die, ausgeleert und wahllos ineinander geschachtelt, nur zusammengehalten werden von der schützenden Stadtmauer mit ihren wuchtigen, wehrhaften Türmen.

„Schau weg, Salome, von dem Winkelwerk! Du mußt über die Salzach sehen! Dort, wo der Fluß die Wendung gegen Norden macht, gerade gegenüber dem Klausentor, dort ist der geeignete Platz. Weit genug weg, daß ihn das Hochwasser des Flusses nicht erreicht, prall in der Sonne, ohne daß Mönchsberg und Imberg ihm die Strahlen schmälern können, dort vor dem Bergstraßentor, dort wird dein Schloß liegen, Frau von Altenau. (Lustschloß Altenau, später Mirabell genannt.) Und dir und deinen Kindern soll es unbeschränkt zu eigen sein für ewige Zeiten! — Das aber hier oben, diese feuchten, muffigen Steinhaufen, die schenken wir dem Domkapitel — eines soll der Antoni von Thun haben —, damit sie die Häuser um das Münster leichter verschmerzen, die ich ihnen weggenommen habe."

Der Blick der jungen Frau verdunkelt sich, als der Geliebte das Münster erwähnt. Sie schaut hinunter und sieht, wie in dem dichten Häusergewirr schon manche Lücke klafft. Das Küsterhaus mit seinem schönen Obstgarten ist zerstört, und eine Grundfeste ist dort ausgehoben worden und wieder zugeworfen, weiß Gott warum! Nun wühlen sie im Freithof, und sie meint die morschen, weißen Beinlein unter Spitzhacke und Schaufel splittern zu sehen...

„Was hast du, Salome, freut es dich nicht, dir vorzustellen, wie du als Herrin in dem weiten Schloß einziehen wirst? Es wird's dir jede Fürstin neiden. Ich zaubre dir ein Märchen her, und dein Leben wird ein einziges Fest!"

„Du träumst, Wolf Dietrich!" sagt die Salome gequält, und ihre Blicke streifen wieder hinunter zu dem geschändeten Freithof. Und dann erfährt er's doch, was sie betrübt.

Er ist erstaunt und sehr enttäuscht, daß ihre Gedanken nicht mitfliegen wollen, er weiß so vieles noch, was er schaffen will, und nun handelt sie mit ihm wegen der paar Grabsteine.

„Laß gut sein, Kind!" meint er leichthin, „es ist der Lauf der Welt. Es ist das Natürliche, wenn sich der Reigen schließt. Der Mensch zerfällt zu Erd und Staub, und daraus wachsen wieder Pflanzen, und von den Pflanzen nähren sich Tier und Mensch. So bleiben alle Teile erhalten im Kreislauf der Natur, und das ist die wahre Ewigkeit, nicht ob eine Gruft die Gebeine zusammenhalten will bis auf den Jüngsten Tag. Im übrigen", sagt der Erzbischof nachdenklich, „hätte ich am liebsten den ganzen Freithof weg vom Münster. Ich brauche den Platz für die Lebenden. Ich kann mir nicht helfen, mir gefällt das nicht, daß sie die kranken, toten Körper den Gesunden fast unter die Haustürschwelle legen. Verscharrt doch jeder Bauer ein durch Krankheit verendet Tier recht weit weg vom Stall, wo die gesunden stehen — nur bei den Menschen legen sie die Toten ins Herz der Stadt und finden nichts dabei, wenn das faulig Fleisch knapp neben ihren Brunnen zerfällt."

Salome schaudert's, wenn sie ihn so reden hört, und sie sagt kopfschüttelnd: „Du hast wohl häßliche Gleichnus, Wolf, schließlich sind's die Bürger dieser Stadt, und haben sie im Leben hier gearbeitet und sich geschunden, so bleiben sie im Tod auch ein Teil der Gemeinde und sind mit dabei, wenn Kind und Kindeskinder zur Messe schreiten. Du hast niemand hier von deinen toten Leuten, du kannst das nicht verstehen!"

Frau Salome kann nicht ahnen, wie nahe sie an die Wahrheit herangekommen ist. Sie glaubt an dem betroffenen Schweigen des Erzbischofs nur zu sehen, daß sie sich wohl zu weit vorgewagt hat mit ihrem Urteil, und sie reibt versöhnlich ihren Kopf an seiner Schulter.

Die Toten jedoch um das Münster bekommen eine Gnadenfrist, vielleicht nicht zuletzt, weil der Erzbischof in diesem Jahr selbst einen schweren Verlust zu beklagen hat. Sie bringen ihm den von ihm so verehrten Vater, Herrn Johann Werner von Raitenau, ‚so wider den Erbfeind, den Türken, in Crabaten gestritten und daselbst gestorben', — und da versteht er plötzlich, was Pietät und Kindesliebe heißt. Er läßt seinen Vater in St. Peter gleich neben dem heiligen Rupert mit allem Pomp beisetzen, und ein schwerer, kunstvoll steingeschnittener Grabdeckel will dem teuren Verstorbenen schon auf Erden die ewige Ruhe schützen.

Ein Mann und eine Frau sehen sich tief in die Augen. Um die schönen Sterne der Frau liegen noch dunkle Schatten von eben vergangenen Schmerzen, aber um den Mund spielt schon ein leichtes, zärtliches und stolzes Lächeln, wie es Millionen vor ihr und Millionen nach ihr lächeln, wenn das Erstgeborene in der Wiege liegt.

Der Sohn des mächtigen Erzbischofs hat zwar noch eine dünne Stimme, aber er hat sich prächtig in die Welt hineingeschrien, wie es bei gesunden, lebensfrischen Kindern der Brauch ist. Sein Vater benahm sich in der Zeit seines Eintrittes in diese schnöde Welt wie jeder junge Ehemann sich benimmt, der in seine Frau verliebt ist und sich nun urplötzlich wie ihr Mörder vorkommt. Er hat im Nebenzimmer gesessen und jedes Stöhnen der Geliebten mit wilden Drohungen gegen die weise Frau und den Medikus begleitet, so sinnlos und unbegründet, wie nur je einer gehadert hat in der gleichen Lage. Er hat sich auf den Betschemel geworfen und dem lieben Gott recht herzlich versichert, daß ihm alle seine Sünden leid wären, aber es kam nicht bis zu dem Gelübde, sie nie wieder zu tun, denn da krähte der neue Erdenbürger und der Medikus meldete erleichtert: „Kind und Mutter wohlauf, Erzbischöfliche Gnaden!"

Worauf die Reue in nichts zerflattert und der selbstzufriedenen Erkenntnis Platz macht, daß der liebe Gott mit seinem Lebenswandel doch nicht so arg unzufrieden sein muß, da er alles so glimpflich und glücklich abgehen ließ.

Wie sich der Erzbischof nun zu der jungen Mutter hinunterbeugt, hat er schon seine ganze Selbstsicherheit wieder, und daß das Kind ein Junge ist, scheint ihm gebührender Tribut des Schicksals.

Er hat nur einen flüchtigen Blick für das Würmchen, das ihm die Dienerin mit etwas unsicherer Scheu entgegenhält, doch alle Zärtlichkeit strömt auf die Frau zu, die ihn in ihrer blassen Lieblichkeit und Hinfälligkeit mit wieder neuen Banden an sich kettet. Er weiß, noch in dieser Stunde springt die Nachricht von seinem Sohn über Salzburg hin, und so schnell ein Pferd laufen kann, so rasch ist sie in München und hetzt von dort nach Rom.

Aber er hat in der Zeit der Angst um diese Frau nur neue Kräfte gesammelt, sie zu verteidigen, und er ist gewiß, daß er alle Angriffe auf sie und sein privates Glück abschlagen wird. Die Duckmäuser sollen ihm nur kommen, der liebe Gott steht selbst auf seiner Seite, da er ihm einen solchen gesunden kleinen Sohn gegeben hat, sonst sähe ihn Salome nicht so zufrieden und glücklich an. Seine Salome, seine schöne Salome hat bestimmt auch einen sehr schönen Sohn.

Der Fürst findet es nun doch nötig, das weiß verschnürte Bündel näher zu besehen, aber er kann bei bestem Willen in dem roten, wie verschwollenen Kindergesichtchen keine Ähnlichkeit mit seiner hübschen Mutter finden, und es erscheint ihm eigentlich entsetzlich häßlich. Doch hält er mit dieser Meinung zurück, so sehr es seinem Charakter dawiderläuft, jemandem etwas Angenehmes zu sagen, wenn er sich etwas Unangenehmes denkt.

„Ist er nicht lieb, Wolf?" fragt die junge Mutter, und der Despot vor ihr sagt wirklich „ja".

Frau Salome sieht den Geliebten von der Seite an, denn in dem Ja schwingt doch das Widerstreben, und plötzlich lacht sie auf, und irgend etwas von dem übermütigen, unbeschwerten Mädchen aus dem Gartenhäusl auf dem Mönchsberg ist in ihr, als sie fröhlich ruft: „Lüg nicht, Wolf, du findest ihn abscheulich, ich seh dir's an der Nasenspitze an! Doch", tröstet sie, „es sind alle Neugeborenen nicht hübscher." Und leicht spöttelnd setzt sie noch hinzu: „Euer Erzbischöfliche Gnaden haben halt noch nicht viel Erfahrung auf dem Gebiet!"

Was soll Wolf Dietrich tun mit seiner Salome? Es springt ihre frische, natürliche Art so wohltuend in sein Gottesgnadentum hinein und ist so fern von aller Speichelleckerei und liebedienerischer Falschheit, daß er sie küssen muß. Sie hat auch nichts anderes erwartet und fragt, während sie ihm zärtlich über die Haare streicht: „Du liebst mich also noch immer samt meinem häßlichen Sohn?" Und diesmal hat auch Frau Salome an seinem Ja nichts zu bezweifeln.

„Hoppa hoppa Reiter, wenn er fällt, so schreit er, fällt er in den Graben, fressen ihn die Raben, fällt er in den Sumpf, so macht der Reiter plumps!"

„Noch!" sagt der kleine Mann und sieht strahlend zu seiner Mutter auf, als er gerade in den ‚Sumpf' gefallen ist. Frau Salome streicht Klein-Hannibal die Locken aus dem erhitzten Gesicht und schüttelt den Kopf: „Nein, dein Rosserl mag nimmer, es ist müd!"

„Müd?" echot der Kleine erstaunt und verständnislos: „Noch!" Und versucht ohne Erbarmen, an seiner Mutter wieder hochzuklettern. Aber der sonst so geduldige Spielkamerad will heute nicht mehr: „Nein, es ist genug, schau, wir kriegen Besuch!"

Der kleine Knirps sieht an der weisenden Hand

der Mutter entlang, aber der große, blonde Mann, der da den bestreuten Kiesweg etwas zögernd entlang kommt, macht ihm keinen Eindruck.

„Reiten!" sagt er bestimmt und trotzig und klammert sich in die Röcke seiner Mutter, die aufgestanden ist. Frau Salome will die kleinen Hände abstreifen, aber nicht umsonst ist das des Erzbischofs Sohn. Des Vaters unbeugsamer Wille sitzt auch in diesem Dreikäsehoch. Das sonnige Gesichtchen wird plötzlich finster, die kleinen Hände verkrallen sich in den Stoff, ein dickes Beinchen stampft wild den Boden, und ein weicher, süßer Kindermund gurgelt fast im Jähzorn, während die Tränen ihm über die dicken Wangen springen: „Reiten, reiten!"

Frau Salome steigt ein leichtes Rot ins Gesicht, als sie sich zu dem ungebärdigen Kind beugt, aber schon steht der blonde große Mann neben dem Schreihals und sagt mit seiner ruhigen, klaren Stimme eindringlich: „Komm, laß die Mutti, du darfst bei mir reiten!"

Hannibal wendet sich überrascht dem neuen Angebot zu, und ein abschätzender Blick streift über den Unbekannten hin. Noch wetterleuchtet es in dem Kindergesicht, aber schon strahlen die Augen hinter dem Tränenvorhang auf, und die Finger lösen sich von der Mutter und greifen hinüber zu dem neuen Spielkameraden. Noch ein fragendes „Reiten, Reiten?" und das stramme Bürschchen lacht über das ganze Gesicht und zieht den Gefährten zu der Steinbank, von der ihm soeben Mutter davonlaufen wollte.

„Darf ich, Salome?" fragt die Männerstimme warm. Und ein erleichtertes: „Natürlich darfst du, Hans Eppensteiner! Gott, bin ich froh, wenn du den Quälgeist ein bißchen nimmst!" reißt alle Schranken ein, vor denen sich der Kaufmann und die Salome gefürchtet haben nach der jahrelangen Trennung.

Klein-Hannibal fliegt durch die sonnige Luft, denn der neue Freund kann alles. Was ist das bescheidene Hoppa-hoppa-Reiter der Mutter dagegen! Man glaubt, man springt selbst so hoch, statt dessen ist es die fremde Kraft, die einen emporwirbelt. „Noch, noch!" jubelt das Kind, und die Mutter folgt mit frohen Augen, wie die kräftigen Arme ihres Gastes den Kleinen sicher und unbeschadet immer wieder rechtzeitig abfangen, daß aus dem wilden Spiel nicht tränenreicher Ernst wird.

Doch einmal wird auch dieser Wildfang müd, und der leichte Wind schickt zeitgerecht ein Käferlein, das über die Bank krabbelt und das man mit einem Grashalm zwingen kann, nach einer bestimmten Richtung zu laufen. Und über diesem besinnlichen Spiel fällt dem Hans Eppensteiner ein, daß er nicht eigentlich hierher eilte, den erzbischöflichen Sproß zu unterhalten. Und plötzlich kommt es förmlich von seinen Lippen: „Ihr habt mich herbefohlen, edle Frau..."

Salome, die selbstvergessen dem Käfer zusah, wie er sich über Klein-Hannibals Halm mit nimmermüdem Eifer plagt, fährt fast erschreckt zusammen: „Nicht doch, Hans Eppensteiner, ich hab dich nicht herbefohlen, ich hab dich hergebeten, weil ich..." — es zögert die schöne Frau einen Herzschlag lang — „weil ich die alte Freundschaft brauch!"

Hans Eppensteiner horcht überrascht auf und kann's nicht ändern, daß ihm die liebe, warme Stimme etwas aufreißt, was er begraben wähnte, und gedankenschnell sich erhofft zu hören, daß Salome von ihm verlangt, sie wegzuholen von hier — wär's mit dem Kind, wär's ohne!

Noch während er es denkt, verwirft er's schon, und doch muß Frau Salome etwas davon in seinen Augen gelesen haben. Ein leichtes Rot flutet wieder über ihre Wangen, und sie sagt behutsam und fast mütterlich: „Du mußt mich recht verstehen, Hans! Daß deine Sorge, die du aussprachst, als wir das letztemal beisammen waren, unbegründet war, hat dich wohl die Zeit gelehrt! Du darfst mir glauben, daß ich glücklich bin, und täglich neu beweist mir mein Herr, daß ich recht gewählt. Wolf hat in all den Jahren, die wir beisammen sind, mich nicht einmal bereuen lassen, daß ich zu ihm gekommen bin. Er überschüttet mich täglich mit neuen Zeichen seiner Liebe und Fürsorge..." Die Salome horcht sich plötzlich ärgerlich selbst zu. Was redet sie so daher, als müsse sie den Geliebten reinwaschen von unausgesprochener Anklage und Verdacht! Was gibt sie lange Erklärungen ab, statt klipp und klar zu sagen, daß Wolf Dietrich ihr eine Menge Bargeld gab nebst all dem Schmuck, den Kleidern und dem prächtigen Firlefanz, der jeder Fürstin gut anstünde, und daß sie das Kaufmannskind geblieben ist trotz des glänzenden Rahmens. Ganz simpel bürgerlich will sie eben dieses Bargeld gut anlegen, da sie es doch nicht braucht in all der Pracht und Herrlichkeit. Und daß sie Hans Eppensteiner eben bitten wollte, ihr diese Geldanlage zu vermitteln. Sonst nichts!

Was ist nun plötzlich so schwer, davon zu reden?

Die blauen Augen sind ihr noch immer genau so ergeben wie vor Jahren, das sieht sie ihnen deutlich an. Kein Mißton herrscht zwischen ihr und ihm trotz allem, was die Zeit und die Ereignisse brachten.

Ist es ein Wunder, wenn sich die Geliebte des Fürsten an den brüderlichen Freund aus Kindertagen wendet, ihr bei den Geldgeschäften behilflich zu sein, von denen sie aus ihrer bürgerlichen Erfahrung her nur zu genau weiß, wie nah Verlust und blanker Gewinn beieinander stehen? Das ist doch alles recht und billig, und sie hat es sich so wohl überlegt, als sie zum andern Male wieder ihr Trüchel ausleerte, das das viele Geld schon gar nicht mehr fassen will. Warum stottert sie nun über Dinge, die nicht zur Sache gehören?

Es geht ihr seltsam mit diesen blauen Augen. Sie ist an Bewunderung und staunende Blicke gewöhnt, wenn sie der Erzbischof an seine Tafel zieht und die adeligen Herrn um sie scharwenzeln und ihr artige Komplimente sagen. Doch die tiefe, nichts fordernde Zuneigung, die aus des Eppensteiners Augen spricht, macht sie unsicher. Es rührt sie dieses schrankenlose Bekenntnis und beschämt sie, denn was sie ihm dafür geben will, ist ein Geschäftsauftrag. Und nun redet sie vom Erzbischof und seiner Liebe, und weiß doch ganz genau, daß ihm das nicht angenehm zu hören sein kann.

Ach, heute machst du alles falsch, Salome! Du kommst zwar endlich doch dazu hin, daß du von deinen zwanzigtausend Gulden sprichst, die du gerne sicherstellen wolltest für dich und deinen kleinen Sohn. Hans Eppensteiner nennt dir bereitwillig das Großhandelshaus Steinhauser, das er für gut findet und ehrenhaft hält. Doch dann willst du ihm seine Mühe lohnen mit liebem Wort und aufgeschlossenem Benehmen und führst ihn durch den Garten Dietrichsruh, den dir der Erzbischof an die Residenz gegen St. Peter zu angelegt hat. Er muß die verspielten Wasserkünste bewundern, die der Fürst von den in derlei Fertigkeiten so erfahrenen Italienern in den kleinen Grotten anlegen ließ. Es zischt der Wasserstrahl ganz unvermutet aus einem Hirschgeweih, aus einer harmlos aussehenden Muschel, einem Tritonshorn, es gluckst dir das Wasser zu Füßen und prasselt von der Decke, nicht eben immer zart im Spaß. Du lachst und bist übermütig, damit du die sehnsüchtige Stimmung nicht aufkommen läßt, die auch dich zu ergreifen droht. Denn du mußt daran denken, wie alles gekommen wäre, wenn du die Gattin Eppensteiners geworden wärest. Und daß er dich immer so ergeben ansähe, ein Leben lang.

Wolf Dietrich tut das nicht; er kann es gar nicht. Nicht in der allerschönsten Liebesstund sieht er dich je so an. Er ist immer dein Herr, dein liebevoller, großmütiger, zärtlicher, aber immer dein Herr. Er sagt dir oft: „Ich liebe dich!", aber es ist keine behutsame, scheue Liebe, die beglückt und dankbar nimmt, was ihm die Geliebte gewährt, sondern es ist fast eine erbitterte, gewalttätige Feststellung, daß ihm, diesem eigenwilligen, selbstsicheren Tyrannen zustößt, daß er dich liebt.

Wie anders müßte es mit Hans Eppensteiner sein! Gleichmäßigkeit und keine Launen gäbe es in einem Leben mit ihm. Klar läge all sein Tun und Handeln vor ihr wie seine hellen Augen. Nichts Unerwartetes und Unbegreifliches flackerte je auf in ihm.

Die Salome sieht die friedlichen Geister ihrer behüteten Kindheit wieder, und das ist's, was sie plötzlich sagen läßt mit einem beklommenen Seufzer, just als auf engstem Raum sie in einer Grotte stehen und Wasserschleier sie abschneiden von der übrigen Welt: „Wer hätte je gedacht, Hans, daß alles so kommt?"

Und plötzlich sind die blauen Augen über ihr, und heiße Sehnsucht strahlt sie daraus an, während die wohlbekannte Stimme gepreßt sagt: „Es ist nichts Endgültiges, Salome, wenn du nicht willst!"

Die Frau prallt entsetzt zurück vor dem, was ihr der Mann da anbietet, das sie in Sekundenschnelle erfaßt. Verwirrt will sie flüchten vor ihm und vor sich, aber die Wasserwand hält sie zurück. Sie muß erst den Hebel suchen, der diesen Sprühregen versiegen läßt, und ihre Finger sind unsicher und bringen es nicht zuwege. Wieder legt sich die ruhige Hand des blonden Hünen über ihre, und während sie so gemeinsam das Wasserspiel abstellen, fühlt sie seinen Mund für die Dauer eines Augenaufschlages an dem Haaransatz hinter ihrem Ohr. War's Zufall, war's Absicht?

Die beiden treten atemlos und wie geblendet aus der Grotte heraus und — Wolf Dietrich steht davor in der Sonne, Klein-Hannibal auf dem Arm, der ein sandbeschmiertes Gesicht an seines Vaters Schulter sauber reibt.

Es kreuzen sich die Blicke der Männer wie unsichtbare Degen für einen Augenblick. Dann sinkt der Eppensteiner zusammen in tiefer Verbeugung vor seinem Erzbischof. Der Kirchenfürst aber zieht seine hochmütige Miene vor das Gesicht, als schlösse er das Visier. Es nützt nichts, daß die

Salome mit geschäftiger Redseligkeit die Anwesenheit des Kaufmanns erklärt. Die eisige Höflichkeit läßt weder Billigung noch Ablehnung des Vorhabens erkennen, und ehe er sich's recht versieht, ist der Eppensteiner entlassen.

An diesem Abend aber steht die Salome, mit sich selbst sehr unzufrieden, am Fenster ihres Schlafgemaches. Sie späht hinunter in die Gasse, in der die Salzburger Jugend nach Feierabend sich noch ein wenig im Freien ergeht. Sie kann die munteren Zurufe verstehen, denn es ist ein Spalt offen. Ein kleiner, verstohlener Ausguck in ihre alte Welt! Sie mag heute noch nicht zu Bett gehen. Ihr ist dieses schwellende, überladene Prunkbett mit den Seidenbezügen in seiner lässigen Weichheit plötzlich verhaßt, und wider ihren Willen, aber ungemein deutlich und erschreckend aufdringlich geht ihr durch den Kopf, daß es in Hans Eppensteiners Haus wohl nur kühles, glattes Linnen gibt.

Sie fährt wie ertappt zusammen, als sie die Schranktür gehen hört, und weiß doch seit Jahr und Tag, daß der Geliebte um diese Stunde kommt.

Sie schließt das Fenster behende und tritt verwirrt zurück, bereuend, daß sie nicht schon zu Bette ist und aus dem Rahmen ihrer seidenen Kissen ihm entgegenlächeln kann und so die Wolken verscheucht, die auf seiner Stirn heute drohen. Denn verärgert ist ihr Herr. Sie hat es auf den ersten Blick gesehen, und ihr will scheinen, als verdüstere sich seine Miene noch bei ihrem Anblick, statt wie sonst sich aufzuhellen. Er tritt auch rasch an ihr vorbei zum Fenster, und seine dunklen Augen stechen in die Gasse hinunter, als müßten sie noch etwas Unliebsames erspähen, während seine Stimme ungeduldig und argwöhnisch fragt: „Warum schläfst du noch nicht, Salome? Was tust du da?"

Die junge Frau ist es gewohnt, Auskunft zu geben über ihren Tag, und so kommt es aufrichtig und schnell zurück: „Ich war noch drüben bei Hannibal, der Bub wollte nicht schlafen. Ich fürcht, er hat zu lange in der Sonne heut getollt..."

„Während seine Mutter in den kühlen Grotten nichts von der Hitze spürte...", kommt es ätzend vom Erzbischof zurück, und weiter fragt er scharf: „Und was tatest du da, jetzt am Fenster?"

„Wolf", sagt die Salome weich und wehrlos, „Wolf, ich hab nur ein bißchen in die Gasse hineingesehen und den Leuten zugeschaut, die da hin und her laufen — es ist so eine laue Nacht."

Sie tritt ganz an den Geliebten heran, und ihre Hand streicht über seinen Arm, während die großen grauen Augen ihm fest in die dunklen, unruhigen sehen: „Bist du mir böse, Wolf, weil ich dem Hans die Wasserspiele" — und sie verbessert sich rasch, weil ihr das ‚Hans' allein zu vertraut klingt — „weil ich dem Hans Eppensteiner die Wasserspiele zeigte? Sie sind so hübsch, die Grotten, und ich wollte, daß wenigstens einer von meinen Leuten sieht, wie gut es mir geht und wie schön ich es habe bei dir!"

Die dunklen Augen des Mannes verlieren etwas von ihrer Härte, und um den strengen Mund fliegt ein schwacher Abklatsch eines Lächelns, als die Frau so vor ihm steht wie ein verzagtes Kind, das um Vergebung fleht für etwas, das es sich so schön ausgedacht, und nun nicht Gnade vor den Erwachsenen findet.

Es tut ihm leid, daß er den Ton anschlug, mit dem er sonst sein Domkapitel und seinen Hofrat bedenkt, und seine Stimme ist bedeutend milder, und das Stechende aus seinen Augen ist wieder fort, als er fast traurig sagt: „Deine Leute! Soviel ich weiß, ist dieser Eppensteiner nicht mit dir verwandt, — doch die Menschen da drunten in der Gasse sind wohl auch alle ‚deine Leute', Salome! Bist du noch immer nicht bei mir zu Hause?"

Er legt den Arm um sie und zieht sie fest an sich heran, und wieder liegen Männerlippen an dem Haaransatz hinterm Ohr. Doch diesmal lang und ungehemmt fordernd, was sie noch jedesmal gern und freudig gab. Daß es sie heute fröstelt den Rücken hinunter in der lauen Sommernacht, ist unbegreiflich und gewiß nur, weil die Grotte vor ihrem innern Auge steht und die Wasserschwaden kühl herniederrieseln, und sie schaudert, daß ihr widerfahren konnte, daß andere Lippen sie berührt.

Sie wirft mit jäher Wendung sich an des Geliebten Hals, und statt jeder Antwort sagt sie heiser: „Komm schlafen, Wolf!"

Und hell entfacht die lockende Wärme des jungen Frauenkörpers die alte Leidenschaft, und für den Augenblick vergißt Wolf Dietrich das selbstquälerische Weiterfragen.

Doch sind die beiden für heute noch nicht ganz allein. Denn während Wolf Dietrich seine Frau im Arm hält, gespenstert es durch ihr Hirn: Hans Eppensteiner denkt an sie, jetzt eben, in derselben Stund; sie weiß es ganz genau. Er liegt in seinem kühlen, glatten Linnen und sehnt sich nach ihr. Der Blick der Salome irrt ab vom Gesicht ihres Mannes und gleitet in das Halbdunkel des prächtigen Zimmers, zwei blaue, ergebene Augen zu beschwören, und um den schönen Mund liegt plötzlich ein Lächeln, das nicht dem Erzbischof gehört. Doch zu vertraut sind diese beiden Menschen, als daß der Mann die Unterbrechung des Stromes der Zusammengehörigkeit in dem schöpferischen Spiel nicht fühlt, und wieder flackert es in ihm unruhig auf, und prüfend sieht er die Geliebte an und fragt rauh: „Was hast du, Salome?", wartet doch keine Antwort ab und zischt ihr drohend und bettelnd zugleich zu: „Du bleibst bei mir, Salome, hörst du! Du, mit allen deinen Gedanken!" Und nimmt sie herrisch und versengend-gnadenlos, daß alle zarten, betörenden Gespenster fliehen.

Neun Monate nach dieser Nacht geht der Erzbischof wie ein gefangenes Raubtier in seinem Arbeitszimmer auf und ab. Hinter ein paar Türen kämpft Frau Salome um ein neues Leben. Der Medikus ist bei ihr und die weise Frau, und Wolf Dietrich hat es nun schon gelernt, daß er unerwünscht ist, wenn er zu nahe dem Geschehen sich aufhält. Er hat auch vorgehabt zu arbeiten und sich seinen Hofrat Doktor Kurz bestellt, auf daß er ihm den Stand der leidigen Sache mit dem Chiemseer Bischof vortrage. Doch hat er ihn bald wieder weggeschickt. Er hat sich maßlos geärgert und dann doch gefreut, daß er seinen ehemaligen Beichtvater, den Sebastianus Cathaneus, Doctor Theologiae von Maillandt, den er selbst zum Bischof machte, nun wieder auf und davon gejagt hat. Und alle seine Gegenminen immer rechtzeitig abfängt, sosehr der spitzfindige Italiener auch beim Papst und beim Bayer gegen ihn hetzt.

Oh, Wolf Dietrich ist nicht geneigt, auch nur einen Zoll breit nachzugeben. Freilich, Rom ist über diesen Streit unter Amtsbrüdern nicht erfreut, aber das gilt ihm gleich.

Während der Erzbischof nun gleichmäßig immer sechs Schritte vor und sechs Schritte zurück geht, kommt ihm alles in den Sinn, was es in diesen letzten Monaten an Ärger gegeben hat. Es war nicht wenig. Zuerst, daß der Onkel Kardinal starb. Womit die Aussicht auf den Kardinalshut endgültig begraben werden muß. Es ist also wirklich kein Grund mehr vorhanden, Rom in allen Dingen sklavisch zu Willen zu sein, besonders wenn die Herren da unten so weit vom Schuß alle Dinge vom grünen Tisch aus unfehlbar zu beurteilen meinen. Gebt dem Papst, was des Papstes ist! Aber schließlich ist der Cathaneus kein Dogma, das er hinauswirft, sondern ein habgieriger Italiener, der wie die Schlange die Brust beißt, die sie nährt. Will sich das mühselig zusammengescharrte Geld des verstorbenen Pfarrers von Saalfelden aneignen und flüchtet feige aus der Residenz, als man ihn zur Verantwortung ziehen will. Und kläfft nun aus dem Hinterhalt. So sieht es Wolf Dietrich. Und niemand wird es ihn anders ansehen lehren, mögen sich auch die päpstlichen und bayrischen Schreibstuben die Finger wund schreiben.

Was hat der Elende gesagt? Er habe eigentlich keinen Grund, seine „keusche Gemahlin" zu verstoßen, indem er auf das Bistum resigniere! Diesen Hieb auf Frau Salome verzeiht er ihm nicht! Es ist ihm, als hätte ihm der Priester selbst das Beichtgeheimnis gebrochen, und er traut ihm ohne weiters zu, daß er alles, aber auch schon alles, was er von seinem erzbischöflichen Beichtkind weiß, an die große Glocke hängt und zu dessen Ungunsten auswertet. Aber da soll er sich verrechnet haben! Er wird ihn zermalmen, und er mag noch so um Gnade winseln und anscheinend zu allen Zugeständnissen bereit sein.

Wenn Wolf Dietrich haßt, haßt er maßlos. Mit der lodernden Wildheit des Südländers, aber mit der bis zur Selbstvernichtung gehenden Beharrlichkeit des Deutschen.

Das Saalfeldner Geld ist nun Prestigesache geworden. Gewiß steht es dem erzbischöflichen Säckel besser an als diesem bigotten Welschen. Was täte der damit, und was er, Wolf Dietrich? Wolf Dietrich würde bauen. Kann sein, auch für seine ‚keusche Gemahlin‘. Nicht mehr als die Grundfesten liegen für das Sommerschloß, das er Salome versprach. Und seiner Pläne wären so viele!

Italiens Städte schweben ihm unerreichbar vor mit ihren hohen, hellen Kirchen, strahlend in Marmor, den weiten Plätzen und den Palästen, trotzig und wehrhaft von außen, verspielt und genußfreudig im Innern.

Was hat er bis jetzt verwirklichen können? Hemmschuhe von allen Seiten! Gerade ein paar Bürgerhäuser hat er aufgekauft und wegreißen lassen unter jämmerlichem Klagegeschrei der Betroffenen, obwohl er ihnen das Gerümpel bei weitem überzahlte. Aber noch ist fast nichts von dem gebaut, was er erträumt. Es ist zum Verzweifeln. Er findet den Baumeister nicht, der seine Gedanken umsetzen kann in steinerne Sprache. Sind doch nur Maurer allesamt, die wohl einen Bierkeller mit Gewölben zustande bringen und ein winkeliges Bürgerhaus mit düstern, lichtlosen Zimmern und dicken Wänden klobig draufsetzen können. Wo ist der Mann, der die hohen Säle baut, getragen von zierlichen Säulen? Sie bringen einfach die Spannweiten nicht heraus. Er hat's am Neugebäude gesehen, wo er sie die niedrigen Gewölbe und Stiegenhäuser wieder einreißen ließ. Natürlich geht Geld auf dabei, und das Domkapitel windet und dreht sich bei jeder Rechnung, und die Krämer des Bistums weltlicher und geistlicher Prägung halten ängstlich die Hände über die prallen Geldsäckel.

Daneben plagt ihn der Kaiser mit seiner Türkenhilf. Hat er nicht am Gründonnerstag selbst eine Predigt gehalten über die Türkennot? Daß ganz Salzburg der Atem wegblieb, da ihnen noch keiner so zu Herzen gehend und mitreißend die Notwendigkeit des Zusammenhaltens gegen den Erbfeind klargemacht hat.

Weiß Gott, er wäre lieber statt seines Bruders Hannibal hinuntergezogen mit den drei Fähnlein Fußvolk und dabei gewesen, als man Gran wieder einnahm und der Türk sich davonmachte, — als sich daheim herumzustreiten mit seinen Pflegern und den adeligen und unadeligen hohen Beamten.

Bei denen er, je nach ihrem Vermögen, ein Darlehen aufnahm, um die Ebbe in der erzbischöflichen Kasse wieder wettzumachen, die ihm der leidige Bauernaufstand in Oberösterreich verursacht hat. Von heut auf morgen hat er an die vierzehntausend Mann aus dem Boden gestampft, die gegen die Aufständischen ziehen wollten. Die Nachricht davon allein hat den rebellischen Bauern genügt, daß ihnen der ‚Buggel is grausen worden' und sie sich in schneller Eil zurückgezogen haben. Aber er mußte doch hübsch ein paar Wochen Musketier und Schützen an die Grenze legen, und das hat einen schönen Haufen Geld gekostet.

Nein, es ist nicht alles so ausgegangen in diesem Jahr, wie der Erzbischof wollte, denn der Oberboden und die Vertäfelung in der St.-Peters-Kirche, die er hat machen lassen, den neuen Altar, den er im Dom gesetzt, wo er selbst ‚abgemallen und im weißen Meßgewand kniend abkonterfeit ist', befriedigen ihn nicht samt der neuerbauten Kapellen, die er durch ‚eingebrochene Lichtfenster' aus ihrer Düsterkeit erlöst hat und ‚auch allenthalben mit Gemäld und Kunststucken, über alle Maßen schön herfürgeputzt hat'.

Vielleicht wird wenigstens die Kirche auf dem Dürrnberg so, wie er es sich erhofft. Er will den Halleiner Salzarbeitern das Katholischsein leicht machen durch einen hellen, hohen Bau. Ein prächtiges Haus des Herrn, das durch seine Schönheit schon die Menschen anlockt und zum Verweilen zwingt. Vielleicht hat er so mehr Erfolg gegen die Lutherische Lehr als mit Austreibung und Strafandrohung. Nein, auch mit dem Ketzerdavonjagen braucht sich Rom nicht mehr viel von ihm erhoffen. Zuviel gutes Geld und tüchtige Leut sind ihm des Glaubens wegen schon aus dem Land gegangen. Gewiß, die draußen sind, sollen draußen bleiben, aber er wird sich hüten, weiterhin die besten Steuerzahler aus dem Land zu vertreiben, und bei den Bergleuten überhaupt, wo kein Ersatz zu finden ist, weil das mehr oder weniger ererbte Arbeit ist, in die sich einer aus einem andern Beruf nur schwer hineinfindet — bei diesen Leuten sollen ihm seine Räte erst gar nicht kommen mit gewaltsamer Wiedergewinnung und Neubekehrung.

Es sind fast aufrührerische Gedanken, die den Kirchenfürsten bewegen, und er denkt wieder einmal, wie schon in ganz jungen Jahren, wie bedauerlich es ist, daß ihm nicht das Kriegshandwerk zuteil und er zum geistlichen Stand erzogen wurde, ‚jedoch aus einer haimlichen und schier angeborenen Anmuettung und Inclination in und allwegen zu den Kriegswesen große Neigung und Lust getragen hat'. Wär wohl ein ordentlicher Heerführer geworden und hätt dem Kaiser manch guten Rat geben können und auch beweisen, daß das, was er rät, wirklich den Nagel auf den Kopf trifft.

Nun, seine Söhne sollen nachholen, was ihrem

Vater verwehrt ist. Hannibal ist ein robustes, festes Bürschchen, und wenn er ihn rechtzeitig von den Weiberkitteln löst, ist alle Aussicht vorhanden, seinem Onkel nachzugeraten, den er von Herzen liebt; auch wenn er ein Bruder Leichtfuß ist, so hat er doch das Herz am rechten Fleck im Türkenkrieg gehabt. Sein zweiter Sohn soll nun Werner heißen nach seinem tapfern Vater. Soll auch ein tüchtiges Vorbild haben und kein Ofenhocker werden.

Der Erzbischof lächelt zufrieden vor sich hin. Kardinalshut hin, Kardinalshut her, eine Reihe wohlgestalteter, tüchtiger Söhne von seiner guten Salome sind mehr als der Purpur von des Papstes Gnaden.

Wolf Dietrich streckt sich unternehmend, und verflogen sind Ärger und Kleinmut, und in ihm ist nichts als freudige Erwartung, und er horcht den Schritten entgegen, die ihm verkünden werden, daß der Herrgott wieder gnädig war mit seinem unwürdigen Sohn und Diener.

Dann steht der gute, getreue Janschitz vor ihm, der mitgekommen ist durch dick und dünn, aus der magern Studentenzeit herauf in Ruhm und Glanz, diese ehrliche, goldene Haut, auch so ein Zeichen vom Allmächtigen, daß er ihm zugetan ist von Anbeginn. Und seine vertraute Stimme sagt: „Es ist vorbei, Herr, und Frau Salome wartet!"

Wolf Dietrich läuft mehr, als er geht, und dem Janschitz bleibt keine Zeit, vor seinem Gebieter die

Türen aufzureißen. Denn ein ungestümer Liebhaber stürmt zu seiner erlösten Salome, die nun bald wieder seine schöne, strahlende Geliebte sein wird, deretwegen er es mit Hölle und Himmel aufnimmt.

„Salome, Liebste, du bist tüchtig! Du hast mich diesmal gar nicht lange warten lassen!" schmettert die sonore Stimme des Fürsten, und er will gutmachen, was er beim ersten Kind versäumt, und sich gleich um den Sprößling umsehen zur Freude der Mutter. „Zeig ihn her, den häßlichen Zwerg, ich wäre entsetzt, wenn er hübscher wäre als der erste. Die häßlichsten Säuglinge werden die schönsten Menschen. Du mußt abgrundhäßlich gewesen sein, Salome! Also her mit dem jungen Herrn! Werner soll er heißen!" So scherzt der Vater übermütig und sieht nicht, daß der Salome Blick ängstlich wird, der ihm erst so freudig entgegengeleuchtet hat. Die weise Frau hält ihm ein Bündel hin, und ihre Augen wandern besorgt zwischen der Wöchnerin und dem Fürsten hin und her, während sie stottert: „Es ist ein Mädchen, Herr!"

Der Erzbischof prallt zurück, als hätte man ihn vor die Brust gestoßen. Und jäh und unbeherrscht ruft es aus ihm heraus, überwältigt von der Überraschung und vom ehrlichen Unglauben: „Ich? Und ein Mädchen? Ich hab nur Söhne!"

Kaum ist es seinem Mund entflohn, will er es ungeschehen machen, denn nicht will er die Geliebte kränken mit so unverhohlener Enttäuschung, und schon sucht er nach einem muntern Wort, sie zu trösten, denn er ist überzeugt, auch sie hat fest den zweiten Sohn erhofft. — Da zerreißt ein so schmerzerfüllter Schrei die Stille des Krankenzimmers, daß der weisen Frau fast das Kind entgleitet.

Frau Salome sitzt plötzlich aufrecht in ihren Kissen, die Augen schreckensweit offen, und beide Hände nach dem Mann gestreckt, kalkweiß und so erbarmungswürdig, als hätte sie einer mitten ins Gesicht geschlagen. Und wieder klingt es „Wolf!" so elend und in höchster Not, als ertränke sie auf hoher See. Fällt zurück, und Tränen stürzen aus den Augen, und krampfhaftes Schluchzen schüttelt den schwachen Leib wie ein hitzig Fieber.

Wolf Dietrich ist verblüfft. Wieso der Ausbruch? War gar so schlimm, daß er den Jungen sich erhofft? Was hat sie so entsetzt? Und wie ein fernes Echo klingt's in ihm auf: ‚Ich hab nur Söhne!' Lag's an dem ‚Ich'?

Es stürzen Welten ein. Was glaubt Salome? Hat Ursach sie zu fürchten, daß er das ‚Ich' mit verstecktem Sinn hat betont?

Des Erzbischofs Blick irrt zu dem Bündel hin, von dem die Pflegerin nicht weiß, soll sie es weiter vor den Vater halten oder in die Wiege legen und seiner Mutter beistehen, die sich windet in unbegreiflichen Schmerzen.

Wolf Dietrichs stechendster Blick saugt sich an dem unschuldigen Kind fest, daß die Frau am liebsten ihre Hand dazwischen legte, das arme Würmlein zu bewahren vor der Macht dieser bösen Augen. Ihre gütige Einfalt will dem Kinde einen Weg zum Herzen des Vaters bahnen und läßt sie ihre Scheu vergessen: „Es ist ein liebes Kind, Erzbischöfliche Gnaden, seht nur, wie es Euch ansieht mit seinen großen, blauen Augen!"

Es ahnt die Arme nicht, wie sie damit neue ekle Schlangen des Argwohns im Herzen ihres Gebieters aufzüngeln läßt.

„Blaue Augen!" Fast gierig sucht er das kleine Gesicht ab nach Zeichen, die ihm Bestätigung geben für seine qualvolle Angst. Das Kind ist zart, und die Züge schon heute fein geschnitten. Man könnte ein verjüngtes Abbild der Mutter darin sehen, doch hell, weißgelb sind die Härchen und unzweifelhaft blau die Augen. Sagt man nicht, die Mädchen würden nach dem Vater, während die Söhne den Müttern nachgeraten? Klein-Hannibal ist ganz die Mutter; in seinem hochgeschossenen Körperbau und seinen frischen Farben. Und dieses kleine Mädchen — wem gleicht das? — Ein blonder, schmalgesichtiger, hünenhafter Mann tritt mit Frau Salome aus einer kühlen Grotte, und ein kleiner Bub spielt unbeaufsichtigt im Sand. — Der heiße Sommertag ist wieder da in schmerzhafter Deutlichkeit. Er sieht Hans Eppensteiner und weiß, wie ihn die Eifersucht packte, als dieses schöne Paar ihm entgegentrat, irgendwie aufreizend gleichgestimmt in Bewegung und Aussehen. Er hat sie damals niedergekämpft, diese Regung, als seiner unwürdig und für Frau Salome beleidigend; und niemals hat auch nur ein Gedanke daran je mehr nach ihm gegriffen.

Und jetzt ist alles wieder da. Das Mißtrauen rast durch den Mann, und sein flinker Geist sucht Zusammenhänge und rechnet qualvoll nach und stöbert im Gedächtnis. Zweimal war er von Salzburg weg im vorigen Jahr, in Regensburg. Wer weiß, was sich da angebahnt hat! Und Abschluß war die Grotte, nicht harmloser Anfang! Und das Geldgeschäft wohl ausgeklügelter Deckmantel. So viel er weiß, ist dieser Eppensteiner nun in England; ist er geflüchtet, ehe es ruchbar wurde?

Wolf Dietrich muß Gewißheit haben. Er jagt die Frau hinaus und setzt sich an das Bett der Salome.

Es wird ein hartes Ringen zwischen beiden Menschen. Während die Frau ihm Rede und Antwort steht, schneidet er sich mit jeder Frage in das eigene Herz. Wenn er wie ein Folterknecht sein armes Opfer bedrängt, so wird ihm doch erschreckend klar, daß er nie mehr los kann von dieser Frau, und wär's das Ärgste, was er ihr erpreßt.

„Sag mir die Wahrheit, Salome, ich will's verzeihen, doch sag mir die Wahrheit!" stöhnt er wie ein verwundetes Tier, und Frau Salome läßt ihn in jede Falte ihres Herzens sehen, verzweifelt über den

Starrsinn und die Qual des Geliebten. Und als sie endlich alles, aber auch schon alles beredet haben und die Ruhe der Erschöpfung über sie kommt, tastet Frau Salome noch einmal nach ihres Mannes Hand, und zaghaft fragt die leise Stimme: „Glaubst du, Wolf, daß man sich versehen kann? Die alten Frauen in unserer Gasse sagten, daß so etwas möglich wäre. Ich bin selbst erschrocken, als ich die Kleine sah. Zu unerwartet hell und fremd war mir ihr Anblick."

Da nimmt Wolf Dietrich die Wöchnerin bei der Hand und ist nun wieder der alte Starke, als er sagt: „Das ist Unsinn, Salome. Doch nicht länger wollen wir uns mehr belasten mit solch Grübeleien. Das Kind soll Maria heißen, Maria Salome. Und wir wollen es der Gottesmutter weihen. Es soll Fürsprecherin sein für seine sündigen Eltern." Und steht auf und holt die Kleine aus der Wiege und legt sie ihrer Mutter in den Arm. „Hab acht darauf, denn es gehört weder dir noch mir mehr!"

Und so war das Schicksal der kleinen Maria Salome von Altenau besiegelt, die 1605 zehnjährig als Oblatin auf dem Nonnberg bei den frommen Frauen starb, wohin man sie brachte, ‚Gott dem Herren seeliglich zu dienen'.

Das Jahr 1597 hat ungewöhnlich hochsommerliche Pfingsten. Die Hitze lastet über der Stadt, und die Hauslachen stinken. Die Salzach ist zurückgegangen und aus den fauligen Tümpeln steigen Millionen von Mücken und lassen die Bürger Tag und Nacht nicht ruhen. Dicke, grüne Fliegen sitzen allüberall, und am besten geht es noch den Schwalben; alles andere Getier hockt müd und übellaunig herum.

Das Grün der Wiesen und Gärten ist grau vom Staub der regenlosen Wochen, und hinter jedem Wagen erhebt sich eine zum Greifen dicke Wolke, macht Mensch und Tier das Atmen schwer. Und durch diese gnadenlose Trockenheit, mit den Karrnerleuten und dem Bettelvolk zieht die Pest ins Land.

Man hat schon munkeln gehört, daß in Bayern und in Österreich wieder das große Sterben umgeht, aber plötzlich sitzt es zwei Meilen vor Salzburg. In Hallein schlägt es zuerst zu, und an einem einzigen Tag sterben vierzig Personen. Da nützt kein Bittgottesdienst und kein Essigtüchel vor dem Mund. Die Krankheit holt sich ihre Opfer schlankweg aus dem Gotteshaus, von der Tafel der Reichen ebenso wie aus der Hütte der Armen. Die verstörten Menschen ducken sich und warten ergeben, wen der grause Sensenmann als nächsten niedermäht.

Wolf Dietrich aber ist keiner, der die Hände in

den Schoß legt. Kaum hat ihn die böse Kunde erreicht, trifft er seine Anordnungen. Vor allem schließt er Frau Salome und ihre Kinder — es hat sich inzwischen schon wieder ein neues Geschwisterchen hinzugesellt — hermetisch von der Außenwelt ab.

„Du gehst auf den Mönchsberg, Salome! Du nimmst von den Dienern und Dienerinnen nur die notwendigsten mit, und vor allem keine, die Verwandte in den verseuchten Gegenden haben. Denn sie würden trachten, Nachricht über ihre Leute zu erhalten, und schleppen mir die Seuch noch ein. Daß du mir keines in die Kirche herunter läßt! Die Hauskapelle oben genügt für ein frommes Herz in dieser Zeit. Ich laß euch einen genügend großen Platz absperren mit meinen Leibschützen und Trabanten, und kein fremdes Gesicht darf dort hinein. Glaub mir, Salome, das ist das einzige, was ich zu eurer Sicherheit tun kann, und" — er streicht seiner Frau über das volle Haar — „du wirst auch mich nicht viel sehen in dieser Zeit. Denn auch an meinen Kleidern kann das Übel hängen."

„Du willst in der Residenz bleiben?" fragt Frau Salome bang, und weiß doch, daß das Wolf Dietrich selbstverständlich ist.

„Natürlich, und ich werde gar fleißig von Tor zu Tor reiten und selber nachsehen, ob sie meine Anordnungen einhalten. Das ist ein noch tückischerer Feind als der Türk. Und" — rasch springt er auf eine unscheinbare Kleinigkeit über, die sein Auge an den Kindern hat erspäht — „was soll das trockene Kräutelwerk, das alle Kinder um den Hals haben?"

Salome wird rot, sie weiß, ihr Herr mag den Aberglauben nicht leiden. Doch hat sie wohl erprobt, daß sie ihm nichts verbergen darf. „Die Heilwig hat's gebracht, die junge Magd. Du weißt, die, deren Mutter die Bauern als Hexe steinigten. Sie ist uns treu ergeben, Wolf, und meint es gut. Es soll die Pest hinwegscheuchen", fügt sie besorgt hinzu, als sie den Erzbischof die Stirne runzeln sieht.

„Ach was!" sagt der, „sie soll sich hüten, sonst liegt auch sie im Hexenturm. Zu solcher Zeit sucht sich das Volk gern einen Sündenbock, und ihr dummes Kräutelwerk kann ihr noch teuer zu stehen kommen. Soll sich lieber mehr waschen, die Heilwig! Doch" — setzt er nachdenklich hinzu — „das Zeug riecht stark. Vielleicht mögen's die Fliegen und die Mücken nicht. Dann hat's doch einen Sinn, wenn es die von den Kindern fern hält."

Aber so sehr der Erzbischof instinktmäßig das Richtige ahnt, nämlich daß er den Zuzug von draußen unterbinden muß, so kann er seine Stadt doch nicht ganz vor dem bösen Feind bewahren. Im Kaiviertel springt's auf im Sembler Haus, eines in der alten Kirchgassen folgt, dann plötzlich greift es das Tischler Haus in der Tragassen (Getreidegasse) heraus, und nun geht es Schlag auf Schlag: Zwei, drei, vier Häuser in der Pfeifergasse, dem Büchsenmacher seines in der Gstetten. Im Klausentor selbst, wo man nach Mülln zu geht, in des ‚Herrn Sigmundts von Thurn Haus, darinnen der alte Pfannhauser mit der kupfernen Nasen haust'. Zu Mülln und in der Linzer Gassen, in der Brodgassen, und das Haus des Friedrich Mezner, des Hafners am Stein. Und so geht es weiter.

Die Antwort des Fürsten auf die Kampfansage der Krankheit ist hart und doch irgendwie seiner Zeit weit voraus.

Er läßt die befallenen Häuser unerbittlich räumen und sperren. Die Kranken kommen in ein neuerbautes Haus an der Riedenburg, das man das Schinderhaus nennt, weil einer früher drinnen gewohnt hat, und in den Ayglhof. Er beordert zwei Bader vor die Stadt zur Pfleg und Wartung. Aber auch alle Gesunden aus einem Pesthaus müssen unbarmherzig die Stadt verlassen. Und ‚da hat man weiter nit gefragt, ob einer Geld zu verzehren habe oder nit, oder wo er seine Nahrung werde nehmen muessen', wie der Chronist dieser Tage, der ehrenwerte Johann Steinhauser, erzbischöflicher Sekretär, bekümmert berichtet. Doch gibt er im weiteren zu, daß die ‚Auswendigen' (Ausgewiesenen), ‚die an Ihre Hochfürstlichen Gnaden um Hülf untertänigst supplicieret hätten, vom Hof aus eine Gnadenhülf' erhalten.

Nicht so gnädig verfährt der Erzbischof allerdings mit den wohlhabenden Bürgern, die ihre Kranken in das für Seuchenfälle einstmals bestimmte Haus in Mülln bringen wollen, weil sie sich dort noch bessere Pflege erhoffen. Der Erzbischof macht keine Ausnahme und tut, als wären diese Bürger Aufwiegler gegen die Staatsgewalt mit ihrer Bitte, und nimmt sie unbarmherzig in eine harte Geldstraf. Geld kann Wolf Dietrich immer brauchen; er weiß gar wohl, daß er damit seine sparsamen Salzburger am raschesten kirre macht. Dem armen Volk aber gilt es wieder einmal als Beweis, daß Wolf Dietrich nicht nach Ansehen und Geldsack sieht, wenn er seine Anordnungen trifft.

Als er aber selbst vor den Franziskanern nicht haltmacht, denen ein Bruder von der Sammelfahrt durchs flache Land die Krankheit einschleppt, und sie von einer Stund zur andern alle aus ihrem Kloster weg müssen, da wagt niemand mehr, gegen die harten Bestimmungen aufzumucken. Zwar versucht noch der eine oder der andere in sein versperrtes Haus heimlich des Nachts einzusteigen und sich Gewand oder sonst zum Leben Notwendiges herauszuholen, doch als man die ersten erwischt und unbarmherzig mit Stockhieben ausjagt, sofern man sie nicht gleich in den Turm wirft, lassen es sich die andern gesagt sein.

Als die kühlere Jahreszeit kommt, ist die Seuche erloschen. Die frommen Brüder dürfen wieder zurück, und auch all die andern werden wieder zu den Ihrigen gelassen.

Als Salome vom Mönchsberg herunterkommt, wird ihr gar manche Überraschung zuteil. Zuerst einmal eine freudige, indem sich ihr und den Kindern, die in der Seligkeit des Wiedersehens laut heulende Heilwig zu Füßen wirft, die Magd, die eines Nachts vom Berg verschwunden gewesen war und die sie verdorben und verstorben wähnte in der grausigen Zeit.

„Das dumme Mensch hat sich heimlich heruntergeschlichen, weil der Hannibal so viel um seinen weißen Hasen geröhrt hat die ersten Täg. Und meine Leibschützen haben sie gefaßt, als sie mit dem Viech wieder zu euch hinauf wollt. Ein Wunder, daß sie sie nicht gleich gespießt haben; sie haben sie nicht gekannt, weil ich euch lauter fremde Wächter hingetan hab, daß keine Bandelei sich mit der Dienerschaft ergibt aus alter Freundschaft. War noch ihr Glück, daß sie es mir gemeldet haben, sonst säß sie noch im Turm. So ließ ich sie im Gejaidhaus zu Fuschl der Jägersfrau zu handen sein. Hat einen tüchtigen Schreck bekommen, und mit ihr die ganze Dienerschaft, die alle an ewige Verbannung glaubten. Aber Ordnung muß sein! Was wär denn das, wenn ich in meinem eigenen Haushalt durchgehen ließ, was ich den andern nicht zugesteh!"

Der Erzbischof sagt es der Salome schmunzelnd, wie er überhaupt guter Laune ist, seit er die Seinigen wieder ungefährdet weiß.

Die andern Überraschungen allerdings läßt die Frau mit zwiespältigem Herzen über sich ergehen. Da ist zuerst die Tatsache, daß Seine Erzbischöfliche Gnaden umgezogen sind, den Teil des Bischofshofs, der gegen den Marktplatz ging, schlankweg weggerissen hat und die Baulinie um fünfzig Schuh zurücksetzte. Er ist nun an die Ostseite gezogen.

„Du hättest sehen sollen, wie im Rinderholz (so hieß der Teil gegen den Marktplatz) die Ratten sprangen, als die Spitzhacke dreinfuhr", berichtet er vergnügt.

Doch auch der gewölbte schöne Gang auf dem Domfriedhof, der ihr so Herzweh mit seiner Erbauung machte, ist wieder weggerissen; sie kann sich wohl denken, was die Salzburger Bürger dazu sagen, die für ihr gutes Geld mit Müh und Not die Grabsteine und Gedächtnistafeln ihrer Toten eben dort erst haben einmauern lassen. Dafür hat er den Sebastiansfriedhof angefangen zu bauen.

„Ein richtiger campo santo wie in Italien, Salome. Ein weiter, schöner Platz mit einem wohlgezierten Kreuzgang, darin die ‚vermöglichen Bürgersleut,

Inwohner und Geistlichen' ihre Epitaphien aufrichten können."

Ach, Italien, sein ewiger Traum!

Alles, was er beginnt, ist immer darauf gerichtet, es dem lockenden Süden gleich zu tun; er kennt keine Ehrfurcht vor dem Geschaffenen in seiner Väter Land.

Salome seufzt. Gewiß, auch ihre Wohnräume grüßen sie mit neuen Seidentapeten und herrlichen Teppichen, manch prachtvoll getriebenes Stück ist ihr unbekannt, aber sie wird der Sachen nicht recht froh. Vielleicht ist diese silberne Schale auch aus der schönen silbernen Tafel von dem Altar im Domchor, die die hochwürdigsten Fürsten und Herren, der Erzbischof Bernhard von Rohr und Erzbischof Burghardt von Weyßpriach aus zehn Lot Silber haben machen lassen und die Wolf Dietrich hinweggetan hat und zu Leuchtern, Ampeln und Weihkesseln verbrauchen ließ? Wer kann es bei Wolf so genau wissen? Er hat auf jeden Fall die ganze Residenz von unten zu oberst gekehrt bei seiner Übersiedlung. Aus der Johannes-Kapellen hat er eine ‚Quarderoba' gemacht und bewahrt darinnen nun den Kirchenornat auf. Und auch die kleine Kapelle im Hof mußte weichen. Dafür hat er seiner verstorbenen Schwester Cecilia ‚eine ganze Kapellen samt dem Altar von künstlicher Arbeit mit Gips und von Gold ganz wohlgezierten Bildern und Gemäld' erbaut. Dort und da beginnt er. Doch was wird davon fertig? Auch auf dem Marktplatz wächst schon wieder etwas empor mit unverhältnismäßig großen Fensterluken, von dem die Salzburger sich nicht erklären können, wo es hinaus will. Sie, die Salome, wird das auch nie verstehen, aber sie bewundert ihn und fürchtet zugleich dieses Hetzen und Drängen von einem Vorhaben zum andern.

Der alte Küster schlürft noch einmal durch das dunkle Münster. Nein, es ist an diesem Dezemberspätnachmittag des Jahres 1598 kein Beter mehr drinnen. Es ist auch wahrhaftig zu unfreundlich kalt in der Kirche, als daß man sich auf eine stundenlange Zwiesprach mit dem lieben Gott freuen könnte. In den heißen Sommertagen mag es wohl vorkommen, daß er das eine oder andere alte Weibel aufstöbert, das bei seiner Einkehr in der Kirche sanft ein Weilchen eingeschlummert ist und auch das Rasseln der schweren Kirchenschlüssel nicht hört. Der Hüter des Gotteshauses geht an den altersdunklen Beichtstühlen vorbei und muß daran denken, wie er da einmal ein weggelegtes Kind zusammengeklaubt hat. Es hat friedlich an seinem Zuzel gesaugt und war mausstill. Das arme Würmlein kann noch nicht lang dort gelegen haben, nur sein leises Schmatzen hat es davor bewahrt, eine endlose, einsame Nacht ganz allein unter dem Schutz des heiligen Virgils und der bestimmt sehr gnadenreichen, aber in diesem Fall hilflosen Heiligen zu verbringen.

Hat schon viel gesehen, das alte Münster, saubere, reine Herzen und abgrundschlechte, verzweifelte und fröhliche, wie sie eben kommen im Laufe der Jahrhunderte. Der Küster neigt sich tief vor dem Sakramentshäuschen. „Mußt viel Geduld haben, Herr, mit deinen Salzburgern, aber es ist woanders auch nicht besser! Gelobt seist du in Ewigkeit!" Er kann beruhigt abschließen. Zwar brennt da vorn im Stock, im Oratorium des Erzbischofs, noch Licht, doch das geht ihn nichts an. Die hohen Herrschaften haben einen eigenen Zugang und ihre eigenen Schlüssel. Die haben es auch nicht so kalt oben. Es wird die Dame Alt sein; er hat sie kommen sehen. Kann sein, daß sie ein schweres Herz hat. Als sie ein kleines Dirndl war mit langen Zöpfen, da hat sie mehr gelacht als nun in ihrem Glanz und Reichtum.

Der massive Torflügel schwingt schwer in den Angeln, und der kunstvolle Schlüssel, der jedem St. Petrus als Symbol Ehre gemacht hätte, greift ein wenig ächzend in das alte Schloß und sperrt für heute die Gläubigen aus.

Die Dame Alt aber ist mit ihren Sorgen nun ganz allein beim lieben Gott. Das Wachslicht an ihrer Seite flackert, als der Zug vom Schließen der Tür bis herauf kommt, und die gelbe Flamme weicht gegen die schweren Samtvorhänge aus, die das Oratorium abschließen vor den neugierigen Blicken und den dort Anwesenden gestattet, der heiligen Messe unbeobachtet beizuwohnen. Eine dünne, feine Rauchfahne sitzt an der Flammenspitze; Salome legt ihre weiße Hand zwischen den Luftzug und das Licht, auf daß es wieder ruhig werde.

„Wie eine arme Seele oder wie Wolf", muß Salome denken, als die Flamme hin und her schwankt, kleiner und größer wird, getrieben und zurückgescheucht von fast unsichtbaren Mächten; es befriedigt sie, daß ihre Hand der Unruhe endlich den Frieden gibt und das Wachslicht wieder still und gleichmäßig brennt.

Ach, sie wollte so gerne auch Wolf Dietrichs Feuergeist bändigen können wie diese Kerze. Auch sein Genie strahlt hell und Licht verströmend zu Zeiten und dann wieder unruhig und gefährlich wie eben die Flamme da an dem Samt emporgeleckt hat.

Frau Salome kennt es wohl wie kein zweiter Mensch auf Erden, dieses wilde, ungeduldige, heiße Herz, das Himmel und Hölle in sich vereint, wie dieses Licht die segenspendende Helle mit gefährlichem Brand.

Wolf Dietrich hat ein böses Jahr hinter sich. Es ist wieder nicht so weitergegangen, wie er sich erträumt hat, und er ist doch nach dem Erlöschen der Pest mit so viel Schwung und Freude ans Werk gegangen. In diesem Jahr hat die Überschwemmung seine Pläne durchkeuzt. Was es im Pestjahr nicht regnen wollte, holte es heuer nach, und im August suchte eine grausame Flut die Stadt heim. In Hallein sind die Rechen gebrochen; unsagbar viel Holz ist abwärts geschwommen, so daß es alle Brücken wegriß und die tiefer gelegenen Häuser und Getreidekasten einfach zermalmte und davontrug, als wären es Hundehütten. Viel Elend war im ganzen Land, und zu Lauffen und in Triebenpach riß es an die hundertzwölf Häuser weg. Kaum hatten sie Notstege gemacht oder zumindest das Holz dazu vorbereitet, hat ein neuerlicher Guß die Wassermassen wieder entfesselt und alles noch einmal vernichtet.

Wolf Dietrich muß jeden verfügbaren Mann einsetzen; der Bau am Marktplatz mit den Riesenfensterhöhlen, der den Salzburgern so viel Kopfzerbrechen verursachte, steckt wieder, als sollte er für alle Ewigkeit unfertig bleiben.

Es ist ein sonderbares Beten, das Frau Salome heute verbringt. Ihr Gebetbuch ist wohl aufgeschlagen, aber sie wendet die Seiten nicht. Ihre Gedanken gehen seltsame Wege, während sie die Lippen bewegt im endlosen Rosenkranz. Dieses Rosenkranzbeten läßt das Gehirn frei, der liebe Gott möge es verzeihn! Aber die Abendstunde in ihrem Oratorium ist die einzige Zeit, die sie so richtig für sich hat. Da muß alles überdacht und erwogen werden, wozu ihr der Alltag nicht Muße läßt. Denn wenn sie hinübergeht in ihre Gemächer, ist sie Gattin und Mutter, so gewissenhaft und aufopfernd wie nur je eine andere kleine Bürgersfrau unter dem Salzburger Himmel. Die Zahl der Schreihälse wächst mit jedem Jahr getreulich an, und wenn sie die Hand unters Herz drückt, spürt sie schon wieder neues Leben. Daß sie ungekränkt aus jeder Schwangerschaft in neuer Schönheit hervorgeht, ist eine Gnade, für die es sich wohl lohnt, dem lieben Gott dankbar zu sein. Sie betet auch sonst immer von Herzen andächtig, aber heute kommt ihr so viel Irdisches dazwischen, weil sie an Wolf und seine Bausorgen denken muß. Hat er doch eben, bevor sie herüberlief, ihr neue Bilder von Italien gezeigt, Grundrisse der Peterskirche zu Rom; und in seiner überzeugenden, redegewandten Art ihr vorgeschwärmt von dem herrlichen Bau: „Man müßte das alles wegfegen, Salome, hier in Salzburg, aber sie hängen sich ja wie Mühlsteine einem um den Hals, wenn man das Alte wegreißen will. Weiß Gott, hätte die Überschwemmung das Münster weggespült, mir wäre es nicht leid gewesen. Oder ein Blitzstrahl hätte mir geholfen bei den schrecklichen Unwettern in diesem Jahr — ich würde dem Herrgott zum Dank ein Rom ebenbürtiges Denkmal setzen."

Salome seufzt bei der Erinnerung an des Geliebten lästerliches Reden. Wohl hat sie ihm den Mund zugehalten in abergläubischem Entsetzen, wie er vom Untergang des Münsters sprach, denn ihr will scheinen, mit so freventlichen Worten zieht man das Unheil herbei, aber sie hat nicht das Gefühl, daß es viel hilft; ihr ist, als wäre das Todesurteil über die vertraute Kirche schon gefällt.

Dem Seufzer der Frau weicht das Wachslicht empfindsam aus und schmiegt sich wie schmeichelnd wieder gegen den Vorhang. Ein ganz leichter Geruch von versengtem Stoff liegt plötzlich in der Luft; die Salome zieht erschrocken den Leuchter zurück, mehr zu sich her. Die Flamme schwankt erst recht und wird lang und hoch wie ein züngelnder, feuriger Dolch; plötzlich dröhnt es der Salome in den Ohren: „Oder ein Blitzstrahl hätte mir geholfen..." „Oder ein Wachslicht?" flüstert es in ihr zurück; sie muß die Augen schließen in jähem Entsetzen. Aber hinter den geschlossenen Lidern reißen darum die Bilder nicht ab: Die kleine Flamme läuft den Samtvorhang hinauf, reißt ihn spielerisch herunter, wirft ihn hinüber, über die hölzerne Balustrade, flattert hinein in das Dunkle des Kirchenschiffes wie ein feuerspeiendes Untier aus der Urväter Tagen, stürzt sich gierig auf Quasten und Troddeln, zu hölzernem Zierat, frißt sich hinan an den Wänden, über das Dach und die Türme hinaus, und plötzlich ist alles zerfallen zu Asche und Zunder; ein leerer, weiter Platz dehnt sich, und Wolf schreitet mit den Baumeistern die Maße der neuen Kirche ab; und sie, die Salome, sagt zu ihm: „Nun bau deinen Dom, zu dem die weiten Treppen hinaufführen zu der säulengeschmückten Vorhalle und dem lichtdurchfluteten Saal mit der riesigen, mosaikgeschmückten Kuppel, die so mächtig und schwindelnd sich wölbt wie in Rom zu St. Peter!"

Wolf Dietrich lächelt ihr dankbar zu, und Friede und Glück liegen in seinen dunklen Augen.

Als Salome die Lider wieder öffnet, steht das Wachslicht in milder, freundlicher Ruhe vor ihr. Da nimmt ihre zarte weiße Hand den Leuchter mit hartem Griff und stellt ihn knapper an den Samtvorhang, steht auf und geht mit festen, raschen Schritten zur Tür, die zur Treppe führt. Sie schlägt sie hart hinter sich zu, nimmt das Wachslicht, das dort in einer Nische steht, und schreitet damit wie eine Schlafwandlerin hinunter. „Wenn du ein neues Haus willst, o Herr, wenn du wirklich ein neues Haus willst..." Sie denkt den Satz nicht zu Ende. Sie versperrt sorgfältig, wie alle Tage, die kleine, eisenbeschlagene Tür und verlöscht das Flämmchen, das sie geleitet hat. Sie eilt hinüber, wo die Lichter sie rufen, der Residenz zu. Dicke, feuchte Schneeflocken tanzen vereinzelt durch die Luft und fliegen ihr ins Gesicht und setzen sich ihr ins Haar; es will Winter werden. Sie sieht es nicht; ihre Augen blicken nur in sich hinein, und ihre Lippen murmeln lautlos immer wieder: „Wenn es dein Wille ist, lieber Gott — denn es ist doch alles nur dein Wille."

„Es schneit, es schneit!" jubelt Hannibals Stimme, als sie in das warme Kinderzimmer tritt.

Die Mutter sieht ihn beinahe verstört an und muß sich erst zurechtfinden. Ach so, sie hat noch die Flocken im Haar.

„Du siehst aus wie eine Fee oder die Schneekönigin!"

Klein-Hannibal liebt die Mutter sehr, und ihm entgeht nichts, auch wenn er soeben auf des Vaters Knien gesessen hat und die kostbare Uhr ansehen durfte, die der Abt Matthias von Raitenhaslach einmal dem Erzbischof schenkte. Das Kind gleitet sofort zu Salome hin, und während seine kleinen Hände sich noch um eine der Flocken bemühen, die doch schon alle zu Wasser werden und nun wie die Tautropfen im Geflecht sitzen, macht er Pläne für den kommenden Tag. Er wird einen Schneemann bauen und eine Schneeburg, und die Schneeburg wird so hoch sein wie die Hohenfestung und genau so aussehen.

Salome geht von den Kindern weg zum Fenster und sagt im Ton höchster Überraschung: „Wahrhaftig, es schneit!", so daß Wolf Dietrich hinter sie tritt, ihr beide Arme auf die Schultern legt und belustigt fragt: „Das hat meine Salome nicht gespürt? Bist du wirklich eine Fee, die zwischen den Flocken durchschlüpft? Die Feuchtigkeit im Haar und im Gewand strafen dich Lügen!"

Nein, Salome hat heute nichts gespürt, und eigentlich sieht sie auch jetzt den Schnee nicht, der herunterrieselt. Sie sieht nur die Dunkelheit, die hinter diesen tanzenden Flocken noch ungestört liegt und von der sie weiß, daß es das Münster mit seinen fünf hohen Türmen ist.

Die Kinder lassen die Mutter nicht lange am Fenster stehen. Kleine Hände zerren an ihrem Kleid, und rote Mündchen plappern und lachen; und gibt sie die Antwort auch zuerst nur mechanisch, so erfaßt sie das häusliche Leben bald so stark, daß ihr Blick immer weniger oft zu den Fenstern wandert. Es ist auch nicht möglich, seine Gedanken auf die Dauer von dem kleinen Volk wegzunehmen, das nun zu Bett gebracht wird. Es ist eine Stunde höchster Geschäftigkeit und geballter Lebensfreude bei den Kindern, die immer fürchten, daß sie zu früh dem Sandmann erliegen könnten und des Lebens schönste Zeit versäumen müßten. Es sitzt das Weinen schon gleich neben dem Lachen; es riecht nach warmem Badewasser und sonst noch allerlei, was eben zu einer rechten Kinderstube gehört. Es werden Breilöffel als Waffen verwendet, und um ein Holzklötzchen entbrennt ein heißer Kampf.

Salome und die Kindermagd schlichten und vermitteln, schelten und loben, waschen und putzen, füttern und liebkosen. Sie haben alle Hände voll zu tun, bis das Kleinzeug richtig gewartet und wohlverstaut in den Federn untergebracht ist. Es ist jeden Tag dieselbe wohlige Erschöpfung, die Salome

1 Stadtansicht von 1553

2 Salome von Altenau

3 Wolf Dietrich von Raitenau im Alter

4 Schloß Mirabell von Süden

5 *Schloß und Garten Mirabell*

6 *Residenzviertel*

7 Blick vom Dom zur Festung Hohensalzburg

8 Inneres der Gabrielskapelle (Grabstätte Wolf Dietrichs)

befällt, wenn die braunen und hellen Köpfe endlich still und friedlich werden und im tiefen, gedeihlichen Kinderschlaf sich neue Kräfte für den nächsten Tag sammeln.

Der Vater ist längst geflüchtet aus diesem warmatmenden bürgerlichen, aber trotz seiner Unruhe unendlich friedlichen Kreis, der ihn immer wieder anzieht, auch wenn er ihn nicht lange aushält. Für ihn geht dort auch alles zu langsam. Daß kleine Buben raufen, erfüllt ihn mit gewissem Stolz, aber daß sie auch heulen wie Mädchen, kränkt ihn fast; und Salome hat ihre liebe Not mit Ihro Erzbischöflichen Gnaden in der Kinderstube.

Als Salome nun endlich in ihr Zimmer tritt, führt ihr erster Weg zum Fenster. Die Kinderstimmen haben die Stunde im Münster verdrängt. Nun, da es still geworden, ist plötzlich ein seltsames Unbehagen in ihr. Wie man etwa des Morgens erwacht, und ein böser Traum hat einen in der Nacht gequält und man kann sich doch nicht mehr an ihn besinnen. Auch Salome ist, als hätte sie nur geträumt. Die Dunkelheit liegt auf schweren schwarzen Schwingen vor den Fenstern. Es hat wieder aufgehört zu schneien, der fürwitzige Schnee konnte sich auf dem noch warmen Boden nicht halten und büßt rasch seine strahlende Helle im Vergehen ein. Kein Sternenschimmer kann die dichte Wolkendecke durchdringen, und kein Lufthauch regt sich.

Salome ist heute sich selbst überlassen. Der Erzbischof hat fremde Gäste, und ihres Zustandes wegen erwartet man sie nicht zur Tafel. Sie ist froh darum. Sie muß erst mit sich selbst fertig werden. Dieser seltsame Dämmerzustand von heute nachmittag ist ihr unbegreiflich, jetzt, nachdem sie ihre Kinder zu Bett gelegt und im Bannkreis dieser unschuldigen Wesen gestanden hat.

Gottlob, es hat der Herr kein neues Haus gewollt!

Friedlich liegt das Münster. Wahrscheinlich hat sie das Wachslicht doch ausgelöscht, und nur ihre überhitzte Phantasie hat ihr diesen Streich gespielt. Man verliert allmählich den realen Boden unter den Füßen, auch wenn man ein Kaufmannskind ist.

Aber das Leben mit Wolf Dietrich hat so etwas Unwirkliches an sich trotz Kindergeschrei und Dienstbotenärger.

Man geht plötzlich durch eine Tür und ist im Märchenland bei ihm. Seine Hand winkt, die unmöglichsten Dinge geschehen; es ist unfaßbar, daß auch dieser Mann irgendwo Kummer hat. Man nimmt Jahr für Jahr von ihm, und man möchte einmal wiedergeben. Er räumt einem alle Steine aus dem Lebensweg, und man möchte einmal etwas dafür tun. Aus diesem ohnmächtigen Gefühl heraus ist der Wunsch geboren worden, das Münster zu vernichten. Das geliebte alte Münster, an dem so viele heilige Erinnerungen hängen, das man kennt in jedem seiner düsteren Winkel und in das man geflüchtet ist zu jeder bitteren Stund.

Sie will diesen treuen Freund seit Kindestagen opfern, damit der Geliebte endlich freie Hand hat, seine ehrgeizigen Baupläne zu verwirklichen.

Aber das war Unsinn. Der liebe Gott hat es nicht sein lassen, daß man sich eindrängt in seine Vorsehung. Das Münster soll bleiben, und darum hat sie wohl doch entgegen ihrem bösen Wunsch das Wachslicht gelöscht. Oder es brennt still aus. Und wenn sie morgen in das Betstübel kommt, steht der silberne Leuchter und blitzt ihr friedlich entgegen.

Salome geht beruhigt schlafen.

Um Mitternacht aber fährt sie hoch. Es ist, als hätte ihr einer einen schweren Schlag versetzt. Das sind doch die großen Stücke auf der Festung, die losdonnern! Und während sie benommen lauscht, wird sie sich der Helligkeit im Zimmer bewußt.

Vor den Fenstern liegt es rot.

Im nächsten Augenblick ist Wolf Dietrich im Zimmer. Sein Gesicht ist bleich, die schwarzen Brauen zusammengezogen. Er herrscht Salome an: „Steh auf, das Münster brennt! Zieh die Kinder an und haltet euch bereit! Ich glaube nicht an eine Gefahr, denn es ist völlig windstill. Aber es ist immerhin besser vorzusorgen."

Salome taumelt zum Fenster. Es tragen sie kaum ihre Füße und sie muß sich am Fenstersims anhalten: „Also doch!"

Der Erzbischof ist schon fast wieder bei der Tür, als ihn die beiden Worte erreichen. Jäh wendet er sich um und ist mit einem Satz bei der Frau: „Was soll das heißen, Salome, ‚also doch'?"

Ein weißes Gesicht sieht zu ihm auf, und zwei graue Augen starren glanzlos und wie erloschen, als der wohlbekannte geliebte Mund tonlos sagt: „Das Wachslicht, Wolf, in unserm Betstübel — das Wachslicht!"

„Was sagst du da?" Der Erzbischof packt die Geliebte roh an beiden Armen und schüttelt sie, als müßte er sie erst zur Besinnung bringen: „Du willst doch nicht sagen, daß du —?"

Die Frau nickt mit dem Kopf so hölzern wie eine der seltsamen Kunstfiguren, an denen die damalige Zeit ihre Freude hatte.

„Vergessen?" brüllt Wolf Dietrich, und die Zornesader schwillt ihm an. Aber die schöne Maske verneint, und wieder kommt es gleichgültig und eintönig zurück: „Nicht vergessen, Wolf, aber du sollst endlich bauen können!"

Der Mann starrt die Frau fast einfältig mit offenem Mund an und wischt sich dann mit einer hilflosen Gebärde über Stirn und Augen, als sähe er schlecht.

Salomes Stimme klingt wie verzückt leise, aber

klar durch den Raum: „Du wirst endlich Platz haben, Wolf, und eine Kirche bauen wie St. Peter in Rom. Gott will es!"

In des Erzbischofs Gesicht arbeitet es. Zu unvorbereitet trifft ihn dieses Geständnis. Seine scheue, gutmütige Salome, die um jeden Grabstein barmt, den er wegschaffen läßt, und das brennende Münster! Und seinetwegen!

Er wollte sagen: ‚Du bist verrückt, es kann die halbe Stadt zugrundegehen!', aber er kann es nicht, denn die grauen Augen sehen ihn mit dem Ausdruck demütig ergebener Liebe an, gegen den er machtlos ist.

Plötzlich kann er diesen sonderbaren Liebesbeweis ermessen, jedes harte Wort erstirbt ihm auf der Zunge, und er murmelt fast behutsam: „Ich muß gehen, Salome, sie sind alle ganz kopflos. Gott schütze die Stadt!"

Des Erzbischofs eiserner Wille steht souverän über den helfenden Händen. Immer dichter werden die Menschenketten, die die Wassereimer vom Flusse einander weitergeben. Jeder Brunnen fließt. Auf allen Häusern stehen die Brandwachen, bereit, den kleinsten Funken unschädlich zu machen. Der Erzbischof hat befohlen, daß die Dächer in weitem Umkreis naß zu halten sind. Die Leute arbeiten verbissen und froh, daß klare und knappe Anordnungen kommen und jemand die Verantwortung übernimmt.

Das Münster aber brennt in schauerlicher Schönheit. Es streben die Flammen senkrecht zum Himmel, wie Riesenfackeln stehen die fünf Türme. Die völlige Windstille ist das Glück der Stadt. Es birst das bleigedeckte Dach, es schmelzen alle Glocken, die Türme brennen aus, auch die schöne Uhr ist bald verdorben, es splittert Glas und knattert das Gebälk, aber es bleibt die Brunst auf das Münster beschränkt.

Der Erzbischof hat seine Leibschützen rund um die Kirche beordert; sie halten die Neugierigen unerbittlich fern, und nur die Ketten der Wasserträger dürfen näher hinzu. Doch ist auch ihre Arbeit darauf beschränkt, herunterfallende brennende Trümmer unschädlich zu machen. In das Münster hinein kommt niemand, obwohl man lange Zeit noch heran könnte. Unbegreiflich ist den meisten diese Anordnung. Es setzt ein Murmeln und Raunen ein und läuft unter die entsetzten Salzburger. „Um Christi willen, warum getraut sich denn keiner zum Tor hinein? Wär doch wohl kostbares Zeug zu retten!" zetert ein Weiblein.

„Sei still, Barb, 's ist ausdrücklicher Befehl des Bischofs", ruft einer der schweißnassen Wasserträger ihr zu, und sagt erklärend zu seinem Nachbar: „Er hat auch recht. Machten sie das Tor auf, als wie ein Windfang entfachte es die Brunst noch mehr und tät sie auseinanderjagen. Trotz der ruhigen Nacht flög ein Glutregen über die ganze Nachbarschaft!"

Die Barb hört und versteht den andern Teil der Rede nicht, doch hat ihr einfältig Hirn erfaßt, daß der Erzbischof schuld ist an der verschlossenen Tür; schaudernd schlägt das alte Leut ein Kreuz und wimmert in ihrer Herzensangst: „Hilf Gott, der Raitenauer läßt das Münster mutwillig ausbrennen!"

Es gibt ihr der Trabant, der ihr zunächststeht, wohl einen ärgerlichen Stoß mit dem verkehrten Lanzenschaft, doch ist's, als hätte er damit einen kleinen Schneeball über einen Lawinenhang gestoßen. Rasch springt das Gerücht an der Eimerkette entlang und hüpft in das verängstigte Volk: „Der Erzbischof läßt das Münstertor nit auftun!" — „Er will das Gotteshaus gar nicht retten!" — Und schon weiß einer, was er geantwortet hat, als man ihm das Unheil meldete: „Brennet es, so lasset es brennen!"

„Ja, jawohl! Sowas sagt unsere Erzbischöfliche Gnaden! Der Fremde, dem die Stadt keine Heimat, grad nur der Platz ist, wo er seine unsinnigen Ideen ausprobieren will!" — „Es genügt ihm die Spitzhacke nicht allein, nun brennt er's nieder wie die Söldner im fremden Land!"

„Nein, glaubst du wirklich? Er selbst?" — „Still, nicht so laut, doch sie sagen's alle!"

Als der Morgen graut und das Münster seltsam drohend daliegt mit seinen rauchgeschwärzten, aber unverwüstlichen Mauern, mit leeren Fensterhöhlen, Dach und Türme ohne die gewohnte bleierne Zier, daß der Himmel hineinsehen kann wie noch nie zuvor, da weiß es die ganze Stadt: Wolf Dietrich hat die Hand dabei im Spiel gehabt. Daß verhältnismäßig wenig Schaden entstand im Innern der Kirche, war nicht sein Verdienst. Doch daß ausgerechnet in seiner neuerbauten Kapellen das Bild, das ihn im weißen Meßgewand zeigt, versengt und verdorben wurde, — ist das nicht Gottes Fingerzeig? Da braucht es kaum die Gewißheit, daß, wie die Spuren deutlich zeigen, der Brand von seinem eigenen Betstübel den Ausgang nahm, und daß feststeht, daß nach der Kirchensperre des Erzbischofs Konkubine noch im Münster war.

Nun teilen sich die Meinungen. Der Salzburgerin Salome traut man höchstens ein Versehen zu. Aber dem Fremdling, dem nichts heilig ist, dem sieht es ähnlich!

Und rasch verbleicht die Tatsache, daß man nur die Frau im Dom gesehen, und der Erzbischof durch seine Anordnungen der Stadt viel Elend sparte.

Diejenigen, die dem Erzbischof wohlwollen und sich gegen diese Gerüchte stellen, sollen fürs erste Bestätigung erhalten für ihre gute Meinung. Der Kirchenfürst scheint den Dom wieder aufbauen zu wollen. Es sollen neue Dachtürme kommen und neue Glocken; die wällischen Maurer, denen er immer noch mehr zutraut als den einheimischen Bauleuten, haben den Auftrag übernommen, die Kirche wieder einzudecken. Auf daß es ‚ein ewig beständig Decken sein solle, ließ er den Thuemb (Dom) oben über mit einem schweren Estrich bedecken'. Und darauf ein anderes Gewölb aus Ziegel setzen für den Dachstuhl, auf daß kein Feuer mehr Schaden stiften könne.

Sei es nun, daß die Italiener das hiesige Klima nicht richtig in Rechnung stellten oder daß es doch nur zweitrangige Kräfte waren, Tatsache ist, daß, als eine längere Regenperiode einsetzt, alles mit Wasser erfüllt wird und beide Gewölbe einstürzen und nur die leeren Mauern stehenbleiben.

Als dieses neue Mißgeschick dem Erzbischof gemeldet wird, spricht er zum erstenmal seit jener verhängnisvollen Brandnacht mit Salome über das Münster: „Unser Herrgott will doch ein neues Haus!" Und ein Schimmer von Befriedigung liegt um seinen herrischen Mund.

Frau Salome atmet wieder auf. Der Dombrand stand wie eine gläserne Mauer zwischen den beiden Menschen. Kein Wort des Tadels war von Wolf Dietrichs Lippen gefallen, obwohl sie nun schon längst begriffen hat, welch ungeheure, gewagte Herausforderung ihr Wachslicht an das Schicksal war. Es war wie ein Wunder, daß die Stadt verschont blieb. Sie setzt dieses Geschehen restlos auf Wolf Dietrichs kluges Verhalten und ist ihm zutiefst dankbar, daß er sie freigehalten hat von der untilgbaren Schuld, wenn Leben, Hab und Gut ihrer Mitmenschen vernichtet worden wären.

Sie hat alle Qualen von selbstverschuldetem Leid mitgemacht, als sie mit den weinenden kleinen Kindern betend die ganze Nacht saß und das Feuer wütete. Sie war sich voll bewußt, wie gering noch ihre Sühne an das Schicksal wäre, wenn sie von hundert hilfreichen Händen unterstützt vor dem Brand flüchten müßte, wo eine ganze Stadt hilflos den Atem anhält.

Sie ist zutiefst froh, als Wolf Dietrich darangeht, das alte Münster wieder herstellen zu lassen. Und doch wieder, ganz heimlich und von ihr selbst niedergehalten, ist ein leises Bedauern, daß nun alles umsonst geopfert war. Denn nie mehr, so ist sie sich voll bewußt, kann noch einmal die Gelegenheit kommen, daß Wolf Dietrich ein Gotteshaus nach seinen Sehnsuchtsträumen schaffen könnte.

Gewiß, er baute die Kirche am Dürrnberg, er wird das Kapuzinerkloster auf dem Imberg noch heuer fertigstellen, er verbessert und verschönt nach eigenem Geschmack, aber was sind das für Kleinigkeiten, gemessen an seinem Herzenswunsch nach dem strahlenden, lichtdurchfluteten Riesenbau zu Ehren des Herrn und — Salome kann das nicht richtig abmessen, aber sie fühlt es dumpf — zu seiner eigenen Unsterblichkeit.

‚Ach Salome', schilt sie mit sich selbst, ‚du wirst nie dieses Mannes würdig sein, denn du kannst seine Gedankengänge nicht nachdenken. Du hast dir kindisch ausgedacht, daß du ein Teil von seinen Plänen ihm vorwegnimmst mit deinem freventlichen Wachslicht, und was ist geschehen? Statt daß er über einen freien Platz schreitet und mit seinen Baumeistern den Grundriß absteckt, muß er das Alte aufstocken, und wenn es hochgeht, wird er größere Fenster ausbrechen lassen, um das von ihm gehaßte Dunkel zu vertreiben. Die Salzburger werden ihn darob schmähen, und sein Herz wird doch dieser Arbeit nie froh.'

Was weiß überhaupt ein Mensch vom andern, und wenn er ihn noch so sehr liebt? Hat sie Wolf Dietrich doch mißverstanden? Ist ihm der Dombau nur Gedankenspielerei gewesen, und ist er vielleicht sogar erleichtert, daß die große Aufgabe nicht an ihn herantritt? Hat sie dafür mutwillig ihre Seelenruhe opfern wollen?

Denn es hängt ihre Ruhe daran. Sie geht seitdem nicht mehr unter die Leute, weil sie fürchtet, jeder kennt ihr das Vergehen an dem Münster an. Sie hat das sonderbare Gefühl, daß in keinem Verhältnis steht, was nun geschieht, — mit der Angst und dem Schrecken, den die Stadt und sie ausgestanden haben. Eine ganz gewöhnliche Brandstifterin aus Dummheit ist sie in ihren eigenen Augen geworden, die ihrer Stadt und dem Geliebten Ärger und Geld kostet.

Durch ihr Verhalten hat sie den Erzbischof zu einem Bau gezwungen, der ihm weder Freude macht, weil er ihn nur von andern Plänen abzieht, noch die Stadt verschönern wird.

Doch nun ist plötzlich alles anders geworden. Das einstürzende Gewölbe hat den Erzbischof von seinen Hemmungen gelöst. Er wird nun seinen neuen Dom bauen, und das ist ihre Sünde wert.

Und Frau Salome sagt aufrichtig: „Ich freue mich, Wolf, Gott helfe dir!"

Wolf Dietrich entwickelt in dem dem Brand folgenden Jahr ungeheure Energien. Freilich, mit dem neuen Dombau hat es noch gute Weile. Frau Salome muß erkennen, daß vom Entschluß bis zur Ausführung ein schier endloser Weg ist. Doch treibt Wolf Dietrich seine andern Arbeiten rasch voran.

Das Kapuzinerkloster auf dem Imberg wird wirklich vollendet, und auch der Kreuzgang um den Sebastiansfriedhof. Er verbreitert den Weg gegen Mülln, wo vordem nicht einmal zwei Wagen aneinander vorbei konnten, zu einer ‚weiten Straß, daß man geraumb mit Gehen, Reiten und Fahren wohl füreinander kommen kann'..., ‚auch läßt er solchen Weg allenthalben pflastern'. Man setzt die

Kapitelmauer besser hinein, so daß der Kai erweitert wird und gepflastert, und man kann auch dort nun mit zwei geladenen Wagen nebeneinander fahren. ‚Diß ist nunmahr ein nützliches Werk gewesen', wie der Chronist Stainhauser und mit ihm die ganze Stadt zugibt.

Noch ein anderes nützliches Werk wird in dem Jahr getan, wenn es auch die Salzburger nicht gleich übersehen können. Er läßt das Hochgericht und die Köpfstatt, die vor dem Linzer Tor im Moos an einer Hauptstraße liegen, von den drei Handwerkern, den Zimmerleuten, den Schmieden und Maurern der Stadt Salzburg, sozusagen von einem Tag auf den andern, hinter das Nonntaler Tor auf das Moos gegen den Untersberg verlegen. Kaum ist das Gericht abgebrochen, so beginnt Wolf Dietrich, das Moor entwässern zu lassen; gar bald ist diese ‚schendliche Mooswüst' guter Getreideboden, und die Häuser und Stadel schießen nur so aus dem Boden, wobei zwei Kammerdiener, der ‚Hofbäck' und der Mundkoch des erzbischöflichen Haushalts den Anfang mit dem Besiedeln machen.

Vom Dom selbst ist allerdings nur systematisches Zerstören zu berichten. Der arme Chronist Stainhauser bemüht sich, so sachlich wie möglich zu bleiben, aber es blutet ihm so wie der ganzen Salzburger Bürgerschaft das Herz, wie rücksichtslos dem ehrwürdigen Münster zu Leib gerückt wird.

Hat der Erzbischof sofort nach dem Brand angeordnet, daß die Gottesdienste, die sonst im Münster abgehalten wurden, in die Franziskanerkirche verlegt werden, so richtet er sich dieses Provisorium nun auf lange Sicht ein. Manches wird vom Dom herübergebracht, so zum Beispiel das steinerne Taufbecken oder der prachtvolle steingeschnittene Altar. Aber das meiste läßt er rücksichtslos wegreißen und vernichten. Stück für Stück bricht er aus dem alten Münster heraus. Zuerst wird des heiligen Virgils Altar abgetragen; noch glaubt man, daß er nur bei den Arbeiten im Wege steht und man ihn woandershin verlegen wird. Aber bald kann kein Zweifel herrschen, daß Wolf Dietrich keine Ehrfurcht kennt. Man kann ihm recht wohl zutrauen, daß er antwortet auf die Vorwürfe, daß er das Münster wegreißen läßt, das der heilige Virgil selbst erbaute: „Ach was, St. Virgil hat es erbaut? Maurer haben es erbaut!"

Altar um Altar fällt, die Gräber der Bischöfe und Heiligen werden unbarmherzig ausgehoben und die Grabplatten zerschlagen, die Reliquien zum großen Teil verschleppt. Hat doch auch der biedere Chronist Stainhauser aus des heiligen Virgils Grab kleine weiße Ringlein aus Elfenbein und ein paar seltsame alte silberne Pfennige für sich gerettet, und bemerkt ausdrücklich, daß auch andere Personen mehr dergleichen bekommen haben.

Das prächtige Portal, aus ‚guetem Steinwerch künstlich gemacht', ist alles ‚zerschmettert, verwuest und zerbrochen worden', und es muß eine stattliche Reihe Steinfiguren gewesen sein nach der Aufzählung. Die Türme, wo das Geläut drinnen war, fallen, und das Horologium (die Uhr). Die große Orgel mit zweitausendvierundzwanzig Pfeifen, wovon die längste vierundzwanzigeinhalb Schuh mißt, wird abgetragen, obwohl sie der Brand verschont hat.

Frau Salome hätte nie gedacht, daß das Münster so qualvoll langsam stirbt. Der Erzbischof scheint auch keine allzu große Eile zu haben, und der Bau ist so massiv und fest, daß es unendliche Mühe kostet, ihn abzubrechen. Es ist, als wären die Riesenquadern schon wieder zu natürlichem Fels verwachsen, und es wehre sich alles gegen die Vernichtung.

Unendlich langsam geht das Zerstörungswerk voran; die Salzburger haben wahrhaftig Zeit, daran herumzuzweifeln, ob das, was ihr geistliches Oberhaupt anordnet, wirklich noch zum Guten gedeihen wird.

Und nun noch das mit dem jungen Taglöhner! Frau Salome sieht hinüber zu der Brandruine und ihre Augen sehen den blauen Maihimmel nicht, der südlich seidig über der Stadt hängt. Sie sieht nur schmerzhaft deutlich mit ihrem inneren Gesicht den zerschlagenen jungen Leib des Arbeiters, der sich heute bei den Abbrucharbeiten erfiel und den sie nun in die Totenkammer gelegt haben. Eine Mutter weint oder eine Herzliebste oder eine Frau und kleine Kinder, und — die Sonne scheint doch noch. Sie sieht ihre eigenen weißen Finger an, in denen das Blut pulst, wenn man sie zwischen die Augen und das Gestirn hält. Diese weichen, zarten Finger, geschaffen, dem Geliebten durch das dunkle Kraushaar zu fahren, ein Kinderköpfchen zu streicheln, einem der Nachfahren des Katers Murr die Kehle zu kraulen, bis er in den tiefsten Tönen des Entzückens schnurrt — diese hübschen, glatten Hände, hängt nun auch Blut an ihnen?

Sie weiß, wieder wird das Raunen und Murren über die Stadt hinspringen, über das gottlose Unterfangen, den Dom des heiligen Virgil niederbrechen zu lassen.

„Seht!" werden die Leute einander zuzischeln, „seht ihr nicht? Gott zürnt, und niemals wird das Unheil zu Ende gehen. Der Erzbischof ist schuld am Tod dieses armen Teufels. Die Pest, die Überschwemmung, der Dombrand; die Zeichen mehren sich, daß der Herr zürnt!"

„Und warum zürnt der Herr?"

„Weil wir einen gottlosen Erzbischof haben, der kein richtiger Priester ist und ein Weib hat!"

Salome macht es sich nicht leicht an diesem Tag. Sie setzt noch im Geist hinzu: ‚Ein Weib, dem es nicht genügt, den Priester von seinem geschworenen, gottwohlgefälligen Leben zu entfremden, sondern das auch noch dieses junge Blut auf dem Gewissen hat, das nun — so tot und kalt — keine Freude mehr haben kann an der lauen Mailuft und für das es keinen Frühling gibt!'

„Lieber Gott", krampft die Frau die Hände ineinander, „gib mir einen Fingerzeig, was ich tun soll! Sie werden Wolf wieder alles anlasten, und ich hab's verschuldet. Es nützt nichts, wenn ich es hinausschreie, ich reiße Wolf mit ins Verderben, ihn und die Kinder. Und mein Bekennen macht den Toten nicht lebendig!"

Salome lauscht in sich hinein, ob ihr aus sich die Antwort wird auf ihren Ruf. Aber Gott will nicht rechten mit ihr um den jungen Taglöhner, denn er hat noch vieles für sie bereit. Noch ist es kein Schicksal, wenn sie auf halbem Weg umkehrt und etwa davonläuft in die Stille eines Klosters, mit Geißelung und Kasteiung den schönen Leib dafür zu bestrafen, daß ihn der Erzbischof von Salzburg liebt.

Seltsam sind die Wege des Herrn. Er verwehrt der jungen Frau das Grübeln nicht und daß sie sich selber eine Sühne sucht. Eine Sühne, die eigentlich keine ist, wenn man es genau betrachtet, weil sie fremdes Leben einbezieht.

In Frau Salome springt plötzlich alter, dunkler Glaube auf, vom Christentum nur zugedeckt, aber doch noch lebendig: ‚Aug' um Auge, Zahn um Zahn!' weht es herauf aus Urväters Tagen und —

‚für den jungen Toten ein Kind von mir!' schaudert es in ihr auf. Krallt sich fest in ihrem Hirn und will ihr fast das Herz abdrücken, und ist doch nicht mehr abzuschütteln. Weiter raschelt es im alten Aberglauben: ‚Was Lebendiges muß eingemauert werden, wenn ein Bau gelingen soll, etwas Lebendiges, Unschuldiges!'

Und jäh fällt es über Salome her: ‚Das ist die Sühne und dann gelingt der Bau! Maria Salome, die kleine süße Maria Salome, die ihr Vater am ersten Tag ihres Lebens der Gottesmutter versprach und die heranwächst unter der Kinderschar und deren Gottesverlobung sie beide nie mehr erwähnt haben im stillen Übereinkommen, — Maria Salome wird eingefordert vom Herrn.' Sie wird eingemauert hinter Klostermauern, und das Werk ihres Vaters wird gelingen und ihre Mutter ist entsühnt, denn schmerzlicheres Opfer weiß sie sich keines.

Als sie an diesem Abend Wolf Dietrich davon spricht, die Kleine nun den frommen Schwestern auf dem Nonnberg zu übergeben, sieht er seine Frau merkwürdig an: „Was willst du alles noch auf dich nehmen wegen des Münsters, Salome? Gib acht, daß du es auch ertragen kannst!"

Und als sie weinend ihm im Arm liegt, sagt er ernst: „Es soll der neue Dom deiner Herzensnot wert werden, und ich suche den Baumeister sorgfältig aus, daß kein Stümper das Werk gefährde.

Aber auch du wirst nicht vergessen, Salome, und deine wunderliche große Liebe zu mir unwürdigem, mit so viel Schwächen behaftetem Menschen soll ihr Denkmal haben."

Salome versteht den Geliebten nicht ganz, aber es ist auch gleichgültig, denn Herz schlägt an Herz und Worte sind doch nur Schall.

Wolf Dietrich hat keine gute Hand in der Auswahl seiner Baumeister. In seinen ersten Regierungsjahren hatte er einen, dem er schließlich den Prozeß machen mußte wegen unterschiedlicher Verfehlungen. Dann empfahl man ihm einen Welschen aus Como, Andrea Bertoletto, der aber schon 1596 stirbt. Und nun bleibt das Amt eines Hofarchitekten unbesetzt. Wohl findet er in einem Italiener, dem begabten Elia Castello, den Mann, der ihm im Neubau die Prunksäle und die Haupttreppe mit verschwenderischem Stuck schmückt. Er baut ihm den Kreuzgang um den Sebastiansfriedhof und die Gabrielskapelle, die dem Erzbischof als Mausoleum dienen soll, nun, da der Dom zum Abbruch bestimmt ist. Aber auch dieser Baumeister stirbt in jungen Jahren. Wohl scheint schon 1601 ein Plan zu einem neuen Dom vorgelegen zu haben, denn Ferdinand von Khuen-Belasy schickt eine Skizze davon an Maximilian von Bayern, der sich argwöhnisch über alle Pläne und Regungen in Salzburg unterrichten läßt. Doch kommt er nicht zur Ausführung. Auch als Wolf Dietrich Scamozzi, den gefeierten Palladio-Schüler, mit der Planung beauftragt, ist der Zentralbau mit den Riesendimensionen von vornherein zu groß für Salzburg und hat nur zur Folge, daß Wolf Dietrich rund um das alte Münster nicht weniger als fünfundfünfzig Häuser demolieren und sogar den für seinen Bruder Hannibal überaus prunkvoll erbauten Palast (ungefähr auf dem heutigen Mozartplatz) wieder wegreißen läßt. Zur Durchführung kommt aber auch dieser Plan nicht.

Die Zeiten sind wieder sehr turbulent und kriegsgeladen. In Ischl und Gmunden erheben sich die Bauern wider den Kaiser, und der Erzbischof soll ihm zu Hilfe kommen. Er tut das immerhin noch lieber, als seine Leute gegen die Türken zu schicken. Denn Ischl und Gmunden liegen nahe. Wenn es dort Bauernunruhen gibt, so können sie leicht auf das Salzburger Land überspringen, und die Bauernkriege sind noch gut im Gedächtnis der älteren Generation.

Der Erzbischof bringt auch rasch einen gewaltigen Soldatenhaufen zustande, denn er zahlt gut und läßt es an Essen und Trinken nicht mangeln. So ergeben sich die Ischler der Übermacht, und es haben sich in diesem Krieg wohl etliche bereichert, geraubt und gestohlen, was sie bekommen'. Die acht Ischler Bürger, die das Kriegsvolk als Anstifter dem Erzbischof mitbringt, haben nichts zu lachen und werden von ihm ohne Pardon an den Kaiser ausgeliefert.

Doch auch der Türk will wieder seinen Tribut; obwohl Wolf Dietrichs felsenfeste Überzeugung dahin geht, daß der Kaiser in der Defensive bleiben soll, um nicht im Angriffskrieg zu verbluten, schickt er doch wieder drei Fähnlein Landsknecht nach Ungarn.

Seine engeren Verwandten kosten dem Erzbistum schweres Geld. Der Fürst hat immer seine Brüder unendlich freigebig beschenkt und auch für alle anderen Familienmitglieder stets eine offene Hand.

Wenn sein Bruder Hans Rudolf nach Friesach zieht mit sieben vollbeladenen Wagen, und sein Bruder Jakob Hannibal gar mit achtzehn Wagen nach Langenstein zurückgeht und noch dazu in Ungnade gefallen ist, so haben das die armen Raitenauer bestimmt nicht nach Salzburg mitgebracht, als sie herkamen.

Es darf also nicht Wunder nehmen, wenn der Erzbischof mit seinem Domkapitel nur selten in Geldangelegenheiten einer Meinung ist. Was ihn aber in keiner Weise hindert, alle seine ehrgeizigen Pläne beharrlich zu verfechten. Daß es da manches Mal hart auf hart geht, ist bei seinem Temperament nicht zu verwundern. Seine Ungnade sich zu-

zuziehen ist ein gefährliches Unterfangen; er verfolgt seine Gegner mit fanatischer Beharrlichkeit. Selbst Frau Salome sieht solche Zusammenstöße, deren Gründe sie zwar nicht immer erkennen kann, mit tiefstem Unbehagen, doch versucht sie nicht, sich einzumengen. Sie muß zugeben, daß er bis jetzt noch immer als der Stärkere hervorging, ob es sich nun um kirchliche oder staatliche Belange handelt. Da sie an seinen guten Grundabsichten nicht zweifelt, ist sie wohl oft betreten über die Art des Sichdurchsetzens, aber doch überzeugt, daß Wolf Dietrich weitblickender als seine Umgebung und daher im Recht ist.

Was sie, Salome Alt, und ihre Kinder betrifft, ihnen gegenüber ist er verläßlich und treu. Wenn man ihn sprunghaft in seinen Launen, unberechenbar in der Verteilung von Gunst und Haß nennt, so kann sie nicht an seine Schuld glauben, weil sie es an sich nie erlebt.

Wohl tragen ihr die Gerüchte Übles über seine despotische Willkür zu, aber sie weiß, wie gehässig Menschen urteilen, deren Kleinlichkeit verletzt wird von einer sich über die gewohnten Schranken hinwegsetzenden hohen Intelligenz. Freilich, in den langen Jahren, die Salome nun an seiner Seite lebt, sind öfter Ereignisse eingetreten, die ihr nicht zu seinem Charakter zu passen scheinen. Doch versteht er es immer, ihr erschrecktes Erstaunen nie zu einer Enttäuschung anwachsen zu lassen; sie glaubt nur allzu willig, was er zu seiner Rechtfertigung vorbringt.

Doch heute ist Frau Salome zu tiefst beunruhigt. Die Kapitelsitzung am Morgen fand ein jähes Ende, weil man dem Erzbischof den Tod des Domdechanten Johannes Anton von Thun meldet. Er war nicht zur Sitzung erschienen, und als man Nachschau bei ihm hält, findet man ihn tot. Das heißt, war er schon richtig tot? Und woran starb er?

Sie hat ein Gespräch aufgefangen zwischen Wolf Dietrich und seinem allzeit getreuen Diener Janschitz.

„Die Memme", sagte der Erzbischof, und es klang nicht nach Totenklage, sondern nur nach unterdrückter Wut, „so feig, wie er immer gewesen ist, wenn er nicht vom Wein voll war, hat er sich hinweg gedrückt, weil er nicht wagt zu bestätigen, daß er die Dispens gesehen hat. Und sind doch schon genug Päpste dazwischen gestorben. — Die arme Salome! Ich hätte ihr die Freude gegönnt, und mit dem Reichsadel wäre es viel leichter gegangen. So wird es noch eine geraume Zeit dauern, bis ich sie und die Kinder dort habe, wo sie hingehören nach meinem Herzen. Ja, mein guter Alter, die Salome hätte es sich wohl verdient, daß sie sich zu Recht F r a u Salome genannt. Du hättest nur die Freude sehen sollen, neulich mit dem Traktat, das ich ihr vorgelesen hab. Es war der

Mühe wert, daß ich die Apostel Paulus und Jakobus zu Zeugen dafür machte, daß ein Bischof eine Frau haben kann. — Und nun fällt dieser Thun so kläglich um. Sticht sich ab wie ein Schwein, und nicht einmal ordentlich. Zu feig, mir glatt ein Nein zu sagen. Der Kerl hat sich schon gesehen aus seiner fetten Pfründe verjagt und herumvagabundierend wie der Cattaneo! Weiß Gott, ich wünsch ihm keine ewige Ruh; ich wollt, sie hätten mich eher geholt. Ich hätt ihm noch mit dem letzten Atemzug herausgedrückt, daß er bestätigt, die vermaledeite Ehedispens gesehen zu haben!"

Frau Salome ist verstört in ihre Zimmer zurückgeschlichen und hat Wolf Dietrich nicht mehr nach dem Thun gefragt, wie sie es vorhatte in der ersten Bestürzung.

In ihrem Kopf wirbeln die Bruchstücke des zufällig erlauschten Gespräches. Das Traktat über die erlaubte Heirat eines Bischofs war also nicht von irgendeinem gelehrten Mann, an dessen Namen sie sich nicht mehr besinnen kann, der unvoreingenommen und leidenschaftslos zufällig das sie so brennend interessierende Problem behandelt, sondern von Wolf selbst erdacht zu ihrer Beruhigung.

Den Reichsadel strebt er für sie und ihre Kinder an? Und Johann Anton von Thun hat sich selbst gemordet, weil er nicht tun will, was der Erzbischof von ihm verlangt. Was war es Unrechtes, denn

Halsstarrigkeit allein kann es nicht gewesen sein! Um die Ehedispens ging's, die der Dechant nicht bestätigen wollte!

Frau Salome pocht das Blut in den Schläfen, als wollte es ihr aus den Adern springen.

‚Ach Wolf, in welche Wirren treiben wir beide? Gab es je eine Ehedispens? Wie hast du wohl den armen Domdechant bedrängt mit deinem eisernen Willen, daß er sich keinen andern Ausweg wußte. Du lügst und gehst deinen Weg mit roher Gewalt! Wie kannst du nur, Wolf, wie kannst du so grausam sein?'

Die schöne Frau weint mit unterdrücktem Schluchzen vor sich hin. Doch plötzlich drängt sich ein seltsamer Gedanke in ihre Empörung und Verzweiflung über des Geliebten Hinterhältigkeit und Härte ein. Es ist ihr, als saugten sich zwei dunkle, brennende Augen an ihr fest, und seine wohlbekannte Stimme fragt: ‚Wofür tu ich's denn, Salome? Für dich und unsre Liebe! Wofür hast du dein Wachslicht im Münster zu löschen vergessen? Für mich und unsre Liebe! Wo liegt der Unterschied, einfältige Salome?'

Plötzlich ist das fromme Bürgerskind Salome Alt endgültig tot, das am alten Milchmarkt seine zehn Gebote lernte und dem man mit der Hölle drohte, wenn es sein kleines Leben nicht einfügte in die engen Grenzen, die Gut und Böse ihm gesteckt nach altem Brauch. Eine andere Salome nimmt es auf sich, ganz ungeniert zu denken: ‚Wir gehen Pferde stehlen für einander, Wolf!' Ein leichtfertiger, unpassender Satz, und sie erschrickt vor ihm und kann es doch nicht ändern, daß ein merkwürdiges Gefühl von Stärke und Zufriedenheit sie durchzieht, das nicht dazu paßt, daß sie um des Dechanten Tod eigentlich traurig ist.

Der edle Herr Johannes Anton von Thun aber bekommt ein ehrliches Begräbnis. Wolf Dietrich läßt ihn im Kreuzgang des Münsters beisetzen und niemand wagt zu bemäkeln, daß er ein Selbstmörder ist. Es springt die Kunde davon allerdings über die Dienertreppen rasch durch die Stadt, und die Ironie des Schicksals will es, daß man dem armen Thun, der gerne ein Gläschen Wein trank, zutraut, er hätte das Leben von sich geworfen, weil der Erzbischof dem Kapitel just zu dieser Zeit die Weingärten entzieht und von nun an die Domherren den Rebensaft aus eigener Tasche bezahlen müssen.

„Wir spielen Reichstag zu Regensburg, und ich bin der Vater!" Eine scharfe Bubenstimme, die schon ein wenig umschlägt, wenn es zu hoch hinaufgeht in der Tonlage, hebt sich aus dem Stimmengewirr, das Salome immer lauter entgegenschwillt, je näher sie den Räumen kommt, in denen die erzbischöflichen Sprößlinge unter Oberaufsicht des alten Janschitz heranwachsen und von einer Schar dienstbaren Weibsvolks gewissenhaft betreut werden.

„Du, immer nur du bist der Vater! Ich bin gewiß nicht wieder der Bayer, da kannst du dir wen andern suchen! Überhaupt, wenn keiner zu mir hält, alle immer nur zu dir!" Die Stimme, die dagegen aufmuckt, ist ärgerlich, aber es steckt schon ein Weinen dahinter.

„Pah!" sagt der erste Sprecher hochfahrend und bestimmt, „es braucht gar keiner zu mir zu halten. Ich werde schon mit euch fertig. Vater wird auch mit ihnen immer fertig. Du brauchst übrigens nicht der Bayer sein, du bist für diesmal der Administrator von Magdeburg!"

„Fein!" jubelt eine Mädelstimme vergnügt, „da schleift er dich durchs ganze Zimmer! Der Vater hat es selbst erzählt, daß er den Administrator von Magdeburg von seinem Sitz gezerrt hat, als er bei der Stimmenabgabe sich zu lang besann."

„Nein!" tobt der für diese schmähliche Rolle Ausersehene in heller Wut, „ich will einmal der Sieger sein!"

„Seid friedlich!" mischt sich nun ein anderes Mädchen ein. „Spielen wir lieber Hochzeit! Sooft ihr noch Reichstag oder Kapitelsitzung gespielt habt, habt ihr gestritten und gerauft. Und ihr wißt, Mutter kann das nicht leiden. Ich bin die Braut, und du, Hannibal, kannst der Bräutigam sein", schlägt die Anregerin dieses gemütvolleren Unternehmens überredend vor. „Bräutigam sein ist lustig, du kannst auch das Schwert umhaben dabei, es macht mir gar nichts", beteuert die Schwester, als nicht sofort Antwort kommt vom Bruder, weil er sich nicht so rasch in das andere Rollenfach hineinfinden kann.

„Ach, Hochzeit..." kommt es gedehnt und gar nicht begeistert endlich aus dem Knabenmund, und dann hartnäckig: „Höchstens, wenn ich Erzbischof dabei bin!" Und in jähem Wechsel plötzlich lebhaft: „Gut, wir spielen: Vater und Mutter heiraten. Und es wird ein ganz großes Fest. Alle Raitenauer kommen und wünschen Glück. Vielleicht hat Großvater ein paar gefangene Türken mitgebracht zur Hochzeit...? Jeder muß mir was schenken...! Nicht wahr, Janschitz?"

Frau Salome läuft es unbehaglich über den Rücken bei dieser Wendung, wo sie doch schon leicht seufzend die Gespräche der Kinder über Reichstag und Kapitelsitzungen mit angehört hat und Wolf nicht freisprechen kann davon, daß er oft vor den jungen Ohren Dinge erwähnt, die nicht in eine Kinderstube gehören. Doch unbeeinflußbar ist der Geliebte in solchen Dingen: ‚Die Buben sollen nur von klein auf wissen, daß man sich seiner Haut wehren muß. Und im Angriff liegt immer noch die beste Aussicht auf Erfolg.' Sie hört ihn lachend ihre Bedenken zerstreuen in seiner lauten, polternden Art, wenn sie ihn abhalten will, den kriegerischen Zank und Hader der Erwachsenen gleich einem Märlein seinen Kindern zu erzählen. In grellen, bunten Farben schmückt er politische Ereignisse aus, gleich hinter einer Bärenhatz in seinem geliebten Blühnbachtal oder einem siegreich bestandenen Kampf mit bloßem Jagdmesser gegen einen wilden Eber in den Salzachauen.

Frau Salome reißt schnell die Türe auf, um durch ihr Dazwischentreten die Schar auf andere Gedanken zu bringen. Aber sie hat sich gründlich verrechnet.

Wie sie nun dasteht im dunklen Türrahmen in ihrem prächtigen Gewand, das sie heut anlegen mußte auf ihres Eheherrn Befehl für seine große Abendtafel, ist sie so recht dazu angetan, die Phantasie der Kinder, die so schon um prunkvolle Feste kreist, frisch anzustacheln. Der weiße, blühende Hals der schönen Frau steigt aus dem starrseidenen Kleid, dessen weiter Ausschnitt ein kostbar-zarter Spitzenkragen umsäumt, wie eine blasse Seerose aus dunklem Weiher empor, und eine Kette aus Perlen und glitzernden Edelsteinen ist zweimal um ihn geschlungen und reicht noch weit herab ins Mieder. Im Haar sitzt ein doppelreihiges Diadem aus demselben kostbaren Material und wird ergänzt von einem funkelnden Blütenstrauß aus echten Steinen, der in den weichen, natürlichen Locken sitzt und zu den Ohrgehängen paßt. Auch auf dem Kleid finden sich die Blüten wieder, deutlich beweisend, daß dem Erzbischof von Salzburg nichts zu teuer ist für seine schöne Salome.

Die Kinder begrüßen sie stürmisch und bewundernd. Sie sind es gewohnt, daß Mutter noch nach ihnen sieht, ehe sie zu den Gästen geht. Sie ahnen nicht, daß das Bürgerskind von einst sich immer erst die Zustimmung ihrer Familie holt, ehe sie sich den, wie ihr vorkommt, feindlichen Blicken aussetzt, die sie nun trotz ausgesuchter Höflichkeit und schmeichelnder Devotion an der Tafel von den fremden Leuten erwarten werden.

Doch Hannibal läßt nicht locker. Könnt sein, die Mädelchen vergäßen im bewundernden Bestaunen der glitzernden Pracht das vorgenommene Spiel, Hannibal vergißt seine Türken nicht.

„Wie war es, Mutter, bei deiner Hochzeit? Hat Großvater oder Ohm Hannibal ein paar gefangene Türken mitgehabt? Der Janschitz ist so alt und kann sich nicht mehr erinnern! ... Hatte der Vater ein richtiges Schwert oder nur so ein dünnes, zittriges Rapier?"

„Wie war dein Kleid, Mutter?" fällt das größte Mädchen ihrem Bruder wißbegierig ins Wort. „Ich bin die Braut, und Hannibal ist der Vater, wir spielen deine Hochzeit, Mutter, und wir wollen alles so genau als möglich machen!"

Frau Salome seufzt und sieht den alten Diener Janschitz hilflos an, in dessen unwirschem Gesicht ein gutes Lächeln aufsteigt und der gerade ansetzt, seiner lieben Herrin zu Hilfe zu kommen, sei es so oder so.

Da wird von anderer Seite die Lage gerettet. Das kleinste Raitenauer-Töchterlein besinnt sich, daß es zu lange aus der Geschwister Mittelpunkt gerissen war und erhebt ein eindringlich Klagelied: „Ich will die Braut sein, ich!"

Was hilft es, daß der große Bruder droht, dann spielt er nicht mehr mit, denn wer kann eine Rotznase schon zum Altar führen, und die große Schwester sie mit dem Schleppentragen abfinden will? Auch dort will Raitenauerblut seinen Kopf durchsetzen.

Doch hilft der allgemeine Tumult mit, daß man von Salome keine genaue Antwort auf die heiklen Fragen will. Und als gar Heilwig, die treu Ergebene, die Türken des Hannibal als unsichtbare Mitspieler vorschlägt, wendet sich das Blatt.

„Die Türken kommen!" ist ein Ruf, der ihre Zeit durchhallt, und kindliche Ahnungslosigkeit macht ein fröhlich Spiel daraus, was Tausenden gar bitterer Ernst.

Es packen die Mädchen ihren Kram in Tücher und Ballen, die Buben gürten sich die Holzschwerter um und prüfen die Pfeile ihrer Armbrust für die große Flucht vor dem unsichtbaren Feind. Es späht Hannibal unter schirmender Hand aus dem Fenster und brüllt mit höchstem Stimmaufwand: „Sie kommen, sie kommen!"

Seine Kommandostimme jagt die jüngeren Geschwister quer durchs Zimmer, bis sie sich in einer Ecke zusammendrängen und mit Decken und Kissen ein Lager bereiten im eingebildeten stockdunklen Wald, geschützt hinter rasch vorgeschobener Truhe und behütet vom wachehaltenden großen Bruder, der in seinem schwersten Tritt das Lager scharfäugig umkreist.

Es glühen die Backen, und wirr und zottelig werden die Kinderschöpfe im eifrigen, hingebungsvollen Spiel.

Frau Salome hat sich in ihrer steifen Tracht bescheiden an der Tür niedergelassen und sieht kopfschüttelnd dem kriegerischen Getümmel zu.

„Wolle Gott", sagt sie zum alten Janschitz, der lächelnd zu ihr tritt, „wolle Gott, daß sie solches nie im Ernst erleben müssen!"

Der Diener nickt bedächtig und mahnt nach einer Weile: „Ihr werdet hinübergehen müssen, edle Frau, der Herr und seine Gäste warten."

Frau Salome erhebt sich gehorsam und streicht die schwere Seide an sich wieder glatt, während sie bedauernd sagt: „Weiß Gott, Janschitz, ich säße lieber da bei euch und spielte mit, obwohl ich mir wahrhaftig etwas Schöneres denken könnte, als mir die Türkennot recht auszumalen. Doch ist der Türk ein Feind, den jeder kennt. Wenn ich nun dort hinübergehe zu den Gästen, hab ich bei vielen das Gefühl, sie könnten grausamer sein mit uns als die unterm Halbmond, wenn sich Gelegenheit ergäb. Ich mag sie alle nicht, die geschniegelten Herren, ob sie sich von Wien heraufbemühen, aus München oder aus Rom. Doch wenn's mein Herr für notwendig erachtet, daß ich komm, so komm ich eben! Wenn er mir nur den vielen Schmuck erlassen wollt! Hört, Janschitz, wie ich klirr und klingle, wenn ich die Arme nur heb!"

Frau Salome läßt die Reifen und gülden Kettchen an ihren Handgelenken aneinanderstoßen und winkt den Kindern zu, mit letzter Ermahnung ein baldiges Zubettgehen empfehlend.

Dann eilt die Fürstin der Mutter davon, aus der heimeligen Kinderstube hinüber, dorthin, wo die Trabanten die Türen vor einem aufreißen und grelle, strahlende Helle erbarmungslos sich über einen wirft, daß man allein und verlassen und bloß dasteht trotz allen Menschengewimmels.

„Der Erzbischof ist krank!"

„Ach wo, er ist doch gestern erst an meinem Laden vorbeigesprengt, hoch zu Roß wie der Leibhaftige, daß alle meine Töpfe klirrten!"

„Wenn ich dir sage, ich hab es vom Knecht des Hofmedikus, der wird es wissen. Sie haben ihn geholt, noch zu nachtschlafender Zeit. Und es steht richtig schlimm mit ihm!"

„Was fehlt ihm denn?"

„Das weiß kein Mensch zu sagen. Es ist nur die Salome bei ihm und der alte Janschitz."

So raunt die Stadt, und das Kapitel weiß nicht viel mehr. Die Herren eilen zwar geschäftig, sich zu erkundigen um ihr Oberhaupt, doch unerbittlich weist sie der Janschitz fort: „Bedaure, Ihre Erzbischöfliche Gnaden brauchen völlige Ruhe." Auch der Hofmedikus ist nicht geneigt, sich durch ein Urteil festzulegen.

Frau Salome weicht keinen Schritt vom Krankenbett. Ihre Hände wechseln immer wieder die kalten Bauschen, die sie auf des Arztes Befehl dem Kranken auf die Stirne legt. Man hat Wolf Dietrich zur Ader gelassen, und sie kann eigentlich nichts anderes tun als warten.

Sie weiß nicht einmal, ob sich der Erzbischof bewußt ist, daß sie im Zimmer weilt. Der Kranke hat noch nicht die Augen geöffnet, seit ihn der Janschitz heute morgens bewußtlos vor seinem Bette fand. Nur ein schmaler Spalt läßt erschreckend das Weiße des Augapfels sehen.

Von Zeit zu Zeit jagt sie ein undeutliches Gemurmel hoch, immer wieder vergebliche Hoffnung in ihr weckend, daß Wolf Dietrich doch zur Besinnung kommt. Während die linke Hand unruhig über die Decken spielt, liegt die rechte erschreckend starr und leblos, als wäre sie allein schon abgestorben. Auch der rechte Mundwinkel erscheint ihr etwas heruntergezogen, aber vielleicht ist das nur Täuschung.

Mit unermüdlicher Geduld zieht die Frau die Tücher aus der weiten Schale, die neben ihr steht mit den scharfriechenden Essenzen, und reibt die kalten starren Finger sanft, aber mit eindringlich kreisenden Bewegungen, daß das warme, pulsende Leben wieder zurückkommen soll. Diese Hand, die sie so genau kennt, die so voll unbeherrschten wilden Lebens war im Guten wie im Bösen. Die schmeichelnd ihre Wange oft berührt, die sie im Jähzorn auf den Tisch niedersausen hat gesehen, daß die schwerste Platte schüttert, die einem Pferd mit unendlicher Zartheit den Brotkeil zwischen die Zähne schob und dem Reitknecht, der das Tier schlecht versorgte, unbarmherzig die schwere Peitsche über den Schädel sausen ließ; diese Hand, die Briefe von Papst und Kaiser zornentbrannt und ohne Scheu zerknüllt und den ersten Schreibversuch seines ältesten Sohnes mit schier ehrfürchtiger Bewunderung glättet und behält, diese geliebte Hand ist nun hilflos und gefesselt von einer unbekannten, schlimmen Macht, deren Gewalt und Größe sie nicht abschätzen kann.

Es war ein Blitz aus heiterem Himmel. Kein Anzeichen noch gestern, als der Fürst bei der Abendtafel saß, die er zu Ehren des bayrischen Gesandten mit Kantorei und Pfeifern gab, damit er dem Maximilian desto leichter abschlägigen

Bescheid erteilen kann, wenn er mit Höflichkeit verzuckert ist. Frau Salome weiß nicht, worum es wieder ging. Das leidige Salz ist zwischen Bayern und Salzburg der ewige Zankapfel, getarnt durch allerlei andere Zwietracht. Sie weiß, daß für Wolf Dietrich alles, was von Maximilian kommt, ein rotes Tuch ist, doch kann sie sich nicht entsinnen, daß sie ihm Ärger oder auch nur Unbehagen anmerkte. Die Reden waren wohlgedrechselt und höflich; auch nachher war ihr Herr heiter und kein Anzeichen einer Krankheit hat ihr Aug erspäht. Gesund und vergnügt verließ er sie. Und nun sitzt sie hier an einer fremden Hülle und wie weggewischt ist alle Gemeinsamkeit durch jene seltsam hemmende Mauer, die ihn hier liegen läßt in entrückter Starrheit.

Die Stunden der Kümmernis zählen doppelt und dreifach.

Frau Salome hat das Sitzen an Krankenbetten längst gelernt. Manche durchwachte Nacht bei einem Kind ist ihr zugeteilt gewesen vom Schicksal, und sie hat es hingenommen als dazugehörig. Diese Krankheit trifft sie unvorbereitet und ungewappnet. Aber sie nimmt den Kampf mit der Selbstverständlichkeit auf, die eine gute Hausmutter allzeit bereit hat. Während sie mit peinlicher Genauigkeit die ärztlichen Verordnungen befolgt, versinkt die Umwelt, und sie hat nur dieses eine große, kranke Kind; das dem Tod abzujagen, kommen ihr tausend geheime Kräfte zu Hilfe aus ihrem liebevollen Herzen und dem Ur-Instinkt der Frau.

Wolf Dietrich wird auch wieder gesund. Freilich nicht von heute auf morgen. Der kraftstrotzende Mann erlangt nicht so schnell die Elastizität und Spannkraft wie vor seiner Krankheit und seine Handschrift zittert seit jenen Tagen. Aber er macht dem Domkapitel nicht die Freude, sich so plötzlich geschlagen zu geben. Die gelähmte Hand wird nur sehr widerwillig wieder gebrauchsfähig, aber sein unbeugsamer Wille kommt ihm zu Hilfe und unermüdlich üben Seine Erzbischöfliche Gnaden, den störrischen Arm völlig wieder in die Gewalt zu bekommen.

Das Domkapitel mag alle Hoffnung fahren lassen auf eine plötzliche Erledigung des Bischofsitzes, und: „Sie haben ganz ungewollt zu meiner Genesung beigetragen!" sagt der Kranke eines Tages, als er Frau Salome damit überrascht, daß er schon wieder ein Buch selber halten kann.

„Dein Domkapitel, so!" sagt Frau Salome bitter, „ich wüßte nicht, was sie dir Liebes taten in der bösen Zeit!"

„Oh!" sagt ihr Herr nachdenklich, „es ist recht lehrreich zuzuhören, wenn alle glauben, man steht schon mit einem Fuß in der andern Welt. Ich habe früher gehört, als ich mich selbst verständlich machen konnte; was mir da zu Ohren kam, hat mir die Überzeugung gegeben, daß ich um deiner und der Kinder willen hier noch recht notwendig bin. Zum Beispiel hörte ich den Dompropst Raunach und das Frohlocken in seiner Stimme, als er zu mir wollte in den ersten Tagen. Wie hat er nur zu dir gesagt? ‚Ich als Dompropst habe ein Recht, mich vom Gesundheitszustand des Erzbischofs zu überzeugen, doch Ihr, Frau Salome, seid hier fehl am Platz!'"

Der Salome steigt ein leichtes Rot in die Wangen, sie ist besorgt, daß Wolf sich über diese Schmähung neuerlich erregt. Doch sonderbarerweise hat der Erzbischof nur ein leises, nachsichtiges Lächeln bei dieser Erinnerung: „Die guten Herren! Wenn die Sterne wollen, bleib ich noch so lange, bis ich dir und den Kindern den gebührenden Platz gesichert habe!"

Eigentlich freut sich Salome über diese Zeit der Genesung. Seit Wolf Dietrich Erzbischof von Salzburg ist, hat er ihr noch nie eine so geschlossene Zeitspanne gewidmet.

Er sichtet seine Schriften und Briefe und sie darf ihm helfen. Wenn sie auch nicht alles begreift, so läßt ihr gesunder Hausverstand sie doch manche Frage tun, die ihr Einblick gibt in ihres Liebsten Gedankenwelt. Und sie sieht erstaunt, daß manches, was er in seinen Schriften niederlegt, nicht übereinstimmt mit seinem Handeln, und doch nichts mit Heuchelei und Verlogenheit zu tun hat.

„Wie kommt es, Wolf, daß du in deiner Schrift ‚Von der göttlichen Providenz und Regierung über der Welt Lauf' so hart über den Aberglauben urteilst, daß die Menschen ihr eigenes Geschick mit dem Lauf der Gestirne in Zusammenhang bringen? Du selbst stellst dir doch Horoskope und wechselst mit Tycho Brahe lange Briefe, ob es uns Sterblichen möglich sei, in die Zukunft zu blicken."

„Weil, Liebste, wenn man für andere Leute schreibt, man bedenken soll, daß sie sich eine Lehr draus ziehen können, wie sie mit ihrem eigenen kleinen Leben leichter fertig werden. Und da nur die wenigsten nicht verzagen würden, wenn sie wüßten, was ihnen die Zukunft auferlegt, ist es besser, ihnen das Sterndeuten einfach zu verbieten als Sünde. Statt ihnen eine Last aufzubürden, der sie nicht gewachsen sind."

Frau Salome wiegt zweifelnd den hübschen Kopf und prüft sich selbst. Wollte sie ihre Zukunft wissen? Und Neugier ist in ihr und doch noch mehr Angst. Und sie wirft sich stürmisch an des Geliebten Brust: „Ich will nur wissen, ob du mich immer liebst, das andere gilt mir gleich!"

Da zieht der Raitenauer sie mit der gesunden Hand ganz fest zu sich und sagt: „Dazu braucht's keine Horoskope bei uns beiden. Doch hat meine Krankheit mich gemahnt, daß ich die Ziele näher stecken werde und keine Zeit vergeude."

Und das tut er wirklich.

Das Domkapitel sieht sich bald vor neue Probleme gestellt. Der Erzbischof weiß es geschickt zu lenken, daß sie ihm die ausdrückliche Ermächtigung geben, über die Ersparnisse seiner jährlichen Einnahmen frei zu verfügen; von nun an legt er große Summen für Salome und die Kinder zurück, nicht nur im Handelshaus Steinhauser, sondern auch bei der tirolischen Landschaft.

Dem Kapitel aber steht Seine Erzbischöfliche Gnaden überaus huldreich bei dem Bau des neuen Kapitelhauses bei. Um dessen Gestaltung kümmert er sich höchstpersönlich bis zu den Ledertapeten und den steinernen Wappen der Kapitelmitglieder, auf daß es den edlen Herren leichter fällt, ihrem Fürsten bei seinen andern Geldanlagen zuzusehen.

Frau Salome steht und schaut.

Die Maisonne läßt die Hohe Festung frühsommerlich mit festen, starken Konturen erscheinen und zu ihr herunter sehen, die auf dem andern Ufer der Salzach eben Besitz ergriffen hat von ihrem Schloß (heute Mirabell).

Ein Märchen wurde wahr, von dem alle kleinen Bürgermädchen träumen, heute wie damals. Das aber kaum alle hundert Jahre einmal eines erleben darf. Die Liebe eines Mannes überwindet alle

Hindernisse, die ihr die neidische Welt entgegensetzt, und schenkt der geliebten Frau sein Herz und ein Schloß.

Das Unwahrscheinlichste daran ist, daß diese Liebe das tut nach fast zwanzig Jahren.

Die Märchenprinzen heben die Müllertochter oder das Bauernkind immer in Glanz und Reichtum für ihre jugendfrische Schönheit. Aber kein Märchen erzählt davon, daß eine Frau mit einem Dutzend Kinder so reich beschenkt wird aus einem liebevollen Herzen.

Salome ist achtunddreißig Jahre alt, als Wolf Dietrich ihr und ihren Nachkommen beiderlei Geschlechts die Landsassen- und Adelsfreiheit auf dem Gute Altenau verleiht. Und dieses Gut Altenau ist ein ‚schönes großes herrliches Gebäu, wie ein Schloß oder Festung mit einem wohlgezierten, von Plech gedeckten, glanzeten Turm, und inwendig, auch außen herum, mit schönen Gärten von allerlei wohlriechenden, lieblichen Kräuterwerk, Paumgewächs und nützlichen Früchten geziert und versehen'.

Traumhaft schön gelegen, im Anblick der Festung und der vertrauten Türme der alten Stadt, und doch entrückt dem Gewimmel, sonnig und dem frischen Wind von den Bergen offen.

„Zufrieden, Salome?" fragt es hinter der Frau, und zwei dunkle Augen tauchen in die grauen so werbend und verliebt, als wäre es ihr Hochzeitsmorgen und dieses alles die Morgengabe aus dem Märchen.

„Wolf", sagt die Frau und muß die Hände falten, „Wolf, ist so viel Glück möglich? Ich fürchte immer, ich erwach einmal und hab das alles nur geträumt."

„Du Dummes, Liebes", lacht der Mann und steht jetzt breitspurig neben ihr in satter Zufriedenheit, nicht mehr der schlanke, sehnige Jüngling von ehedem, sondern behäbig und schon etwas feisten Leibes neben der noch immer schönen Frau, doch in jungenhafter, strahlender Geberlaune, „dein Traum ist wenigstens nicht unangenehm, so hoffe ich. Und was an mir liegt, soll er's auch nie werden! Hab ich es schön gemacht?"

Der stolze Tyrann bettelt um Anerkennung und Salome muß loben und bewundern und tut es auch von Herzen gern. Gewiß, nie hat sie Schöneres gesehn, von dem Springbrunnen an, der leicht die Strahlen in die Höhe schleudert, als hätte er einen eigenen Willen, und den seltsamen Gewächsen, die das Auge überraschen an jedem Wegsaum, bis zu den seidenen Tapeten und den verspielten Vorhängen in ihrem Schlafgemach, und weiter zu dem Blechfähnlein auf dem Turm.

Der Erzbischof hört zu und läßt sie nichts vergessen: „Und das — und das? Gefällt's dir nicht?" Der Anerkennung gewiß und doch immer wieder dürstend nach neuem Lob.

Frau Salome muß lächeln, wenn sie seinen Eifer sieht, und denkt beglückt, wie nah er ihrem Herzen steht mit dieser Art. Muß sie doch auch die Kinder dieses Mannes loben, wenn ihre jungen Hände und ihr Geist zum ersten Male etwas meistern und sie es stolz der Mutter weisen. Und wie sie klug den ersten Haufen aus Sand und Wasser lobte, den ihr Klein-Hannibal als eine stolze Burg anpries, und mit tiefem Ernst in eine Pfütze starrte, die ihr der Junge vorführte als das wilde Meer, so bereitwillig fühlt sie sich jetzt ein in das, was an guten Worten nun dem Vater not tut; seine Freude daran ist erst ihr eigenes großes Glück.

Nicht, daß ihr Altenau nicht gefällt! Bei Gott, es ist ein prachtvoll ausgeklügeltes Kleinod mit allem, was Wolf Dietrichs üppige Phantasie sich aus aller Herren Ländern zusammengeholt, und was Geld herbeizaubern kann. Doch würde Frau Salome den prächtigen Rahmen nicht brauchen. Hätte Wolf Dietrich ihr und ihren Kindern einen kleinen, sauberen Bauernhof geschenkt, mit Kuh und Schwein im Stall und goldgelben Kücken auf dem Misthaufen, sie wäre es genau so zufrieden gewesen, wenn sich der geliebte Mann und die Kinder daran freuten.

Doch, da ein Mann von des Erzbischofs Format sich nicht mit Bauernhäusern zufrieden gibt, ist sie bereit, goldene Schalen und alle Kostbarkeiten dankbar zu bewundern, denn ihr Lob und ihr

Dank gelten seinem guten Willen und seiner liebevollen Auswahl, nicht den Dingen an sich.

Seine Zufriedenheit ist ihre Freude. Was will man gegen solch dummes, närrisches Wechselspiel zwischen zwei Menschen machen? Unerklärlich ist's den andern. Und manchmal fast ärgerlich, da solche Paare gar so selten in der Welt und in den andern armen Einzelgängern neidische Sehnsucht aufglimmt nach dem Zaubermittel einer solchen Liebe.

Frau Salome fährt ihrem Wolf von rückwärts in das dichte, dunkle Haar, in das sich schon die ersten Silberfäden stehlen, so wie sie, ähnlich lobend, es bei seinen Söhnen tut. Eine seltsame Mischung von Mütterlichkeit, und doch wieder das zärtliche Berührung-Suchen der liebenden Frau. Sie genießt restlos die kurze Stunde seiner zufriedenen Freude, die sie von Zimmer zu Zimmer treibt, in alle Ecken des schönen Gartens zieht und jeden Ausblick ihr weist, als wären auch die Berge und die liebe Sonne sein Verdienst.

„Ich möchte", sagt sie tiefaufatmend, mit einem Blick das ganze schöne Bild umfassend, „ich möchte so gern, daß alle Menschen so glücklich sind wie ich!" Und weist dann hinauf zum Festungsberg: „Schau, wie ein Märchenschloß! Fühlt man sich nicht geborgen in der Hut der Festung? Mir ist's, als sähest du herab auf dieses schöne weite Land, ein wenig streng zwar, doch wachsam und auf sein Bestes stets bedacht!"

Da fliegt ein dunkler Schatten um des Erzbischofs Stirn. Für einen Augenblick nur, und sie sieht's erschreckt und kann's nicht deuten. Denn sie weiß nicht, daß oben auf der Festung der alte Pfleger von Zell und noch zwei andere Gefangene schmachten und ihr Todesurteil schon so viel wie unterschrieben ist, weil dieser Mann neben ihr glaubt, wachsam sein zu müssen.

Er will lieber drei Köpfe opfern zur Abschreckung, als daß eine Handvoll Bauern, die sich gegen seine Abgaben wehren und sich gar an den Bayernherzog wenden, ihm einen Aufstand anzetteln, der ihm Geld und Blut kostet und ihn wieder zurückwirft in seinen ehrgeizigen Bauplänen.

Er hat kein gutes Gefühl, wenn er an den alten Pfleger denkt. Mag sein, daß der in vierzigjährigen Diensten ergraute Mann nur zu gutmütig war, um seine Bauern schärfer im Zaum zu halten. Doch ist Lässigkeit nicht auch schon Vorschub der Rebellion? Und auf der Hut sein muß er, Wolf Dietrich von Raitenau.

Frau Salome hat das Stichwort zu unseliger Stunde gegeben, wachsam zu sein für die Mutter seiner Kinder und sein Geschlecht.

„Komm!" sagt der Erzbischof brüsk, „wir wollen unser Glück für uns behalten, so lange uns die Vorsehung es gibt, und es nicht an die ganze Welt verteilen. Komm, laß uns sehen, was unsern Kindern wohl am besten gefällt im neuen Haus!"

Kann man das Glück der Salome von Altenau beschreiben?

Fortuna, oder besser gesagt Wolf Dietrich, schüttet verschwenderisch alle irdischen Güter dieser Frau zu Füßen. Die nüchternen Zahlen in den Archiven und Chroniken beweisen es genügend. Hat er ihr im Mai 1606 die Adelsfreiheit und Altenau gegeben, so kauft er ihr am Vorabend ihres Geburtstages im selben Jahr vom Freiherrn von Törring um einundzwanzigtausend Gulden dessen Untertanen und Güter, und noch im Dezember schenkt er ihr das Münzgebäude samt dem daran anschließenden Haus der Rehlingen in der Pfarrgasse. Heute ist es ein Pflanzgarten und morgen wieder ein Gut mit Land und Leuten, das auf ihren Namen geschrieben wird.

Seine Beharrlichkeit setzt es durch, daß ihr Kaiser Rudolf II. wahrhaftig den Reichsadel verleiht, ihr, der Konkubine, gegen die seit Jahr und Tag der weltliche und geistliche Adel hetzt.

Den Salzburgern bleibt der Atem weg, wenn sie zusammenzählen, was dieses Bürgermädel alles erreicht hat. Die sittliche Entrüstung wird tüchtig vom Neid genährt, wenn das Fürstenliebchen, das in gar nichts seinem bösen Namen Ehre macht, sondern nur einer sehr erfreulich hübschen und glücklichen Familienmutter gleicht, in ihrer mit prachtvollen Pferden bespannten Kutsche mit Kind und Kegel einmal durch die Stadt fährt.

Frau Salome tut das immer seltener, denn seit sie Altenau besitzt, lebt sie mit den Ihren dort wie auf einer glückhaften Insel. Wolf Dietrich kommt zu seiner Familie hinüber, und er und ‚die Seinigen haben sich in solchem schönen Gebäu belustigt und vielmals sowohl morgens als abends die Mahlzeiten daselbst genossen und allerlei ehrliche Freudenspiel und Kurzweil darinnen getrieben'.

Und dann ist dieser Oktobertag von 1611 da.

Vor Frau Salome steht der Erzbischof, und an ihre Ohren dringen abgerissene Sätze und Befehle; sie hat den besten Willen, alles zu tun, was er verlangt, und kann doch nicht einen Bruchteil davon erfassen.

Sie soll fort mit den Kindern, denn es gibt Krieg mit dem Bayernherzog. Der Feind steht schon vor Tittmoning, und es ist keine Hoffnung mehr, ihn aufzuhalten. Alles ist verloren.

Wolf Dietrich hat eines Nachts Berchtesgaden besetzt und die Holzausfuhr nach Bayern sperren lassen aus einem jähen Durchbruch alten Zornes gegen den Herzog. Der Bayer stellt ein Heer von vierundzwanzigtausend Mann, und das war für die dreizehntausend Salzburger zu viel.

Wolf Dietrich, dieser starke, selbstbewußte Wolf Dietrich gibt auf: „Ich bin ein großer Fürst gewesen, jetzt aber minder und geringer als einer meiner Diener."

Frau Salome sieht in das geliebte Gesicht mit den brennenden dunklen Augen, das heute unendlich müde und verfallen aussieht. Über ihre eigene Angst und Hilflosigkeit steigt siegreich und alles übertönend das tiefe Mitleid auf und gibt ihr Kraft, nicht zu jammern und zu klagen, obwohl ihr das Herz schwer wie ein Stein in der Brust liegt.

Sie fragt nicht viel, die noch immer schöne Salome von Altenau, sondern sie tut ihre Pflicht. Sie hat vom Schicksal nicht nur eine betörende äußere Hülle mitbekommen, sondern auch ein tapferes Herz. Das befähigt sie, diesen niedergeschlagenen Mann, der, wie so viele despotische Naturen, plötzlich zusammenbricht und sich mit bitteren Selbstvorwürfen und andere mit unsinnigen Beschuldigungen quält, in die Arme zu nehmen und ihm wenigstens für kurze Zeit Zuflucht zu sein und ihn zu befähigen, doch noch für die Seinen das Richtigste zu planen.

In ihrer starken Herzenswärme schrumpft der drohende Verlust der Bischofswürde, der ihm ungeheuerlich und unerträglich schien, zusammen auf ein erträglich Maß; eine kleine Hoffnung flackert auf, daß hinter diesem Chaos noch ein Eiland sein kann.

Sie werden außer Landes gehen, Frau Salome

ist bereit, die Heimat aufzugeben, wie Millionen Frauen vor ihr und Millionen nach ihr Herd und Haus verlassen, weil der unselige Urtrieb nach Krieg und dem gewalttätigen Sich-Messen mit den Kräften eines andern, der in jedem Manne mehr oder weniger ausgeprägt vorhanden ist, wieder einmal Unheil verbreitend auf dem Wege ist.

Wäre Frau Salome ohne Kinder, vielleicht hätte sie auch sich aufgelehnt gegen diesen Sturz aus Wohlleben und Behütetsein mit Weinen und Klagen. So aber hat sie zu hüten, und es bleibt kein Raum, an sich selbst zu denken und sich zu bemitleiden.

Es wird die ganze Nacht gepackt; am Morgen des 23. Oktober verläßt Salome mit vollbeladenen Wagen ihre Heimatstadt. Sie hat auf Wunsch des Erzbischofs mitgenommen, was immer sie an Kostbarkeiten und Lebensnotwendigkeiten einpacken konnte.

Es ist keine armselige Flucht in Nacht und Nebel, nur mit dem nackten Leben. Wolf Dietrich duldet es bis zum letzten Augenblick nicht, den glanzvollen Schein aufzugeben: Es reist eine Fürstin zu ihren Verwandten, dem Maximilian Steinhauser, der ein Eisenwerk in der Flachau bei Radstadt hat. Sie hat Dienerinnen und Beschließerinnen mit und den Kammerdiener Wenzel, Kutscher und Kutschenknechte, Wagenheber und fünf Güterwagen. Es sind die besten Pferde aus des Erzbischofs neuerbauten Stallungen am Fuße des Mönchsberges, das Letzte, was Wolf Dietrich seiner Familie noch mitgeben kann an Schönem in die Fremde.

Zum letzten Male umfängt Frau Salomes Blick das Bild der geliebten Stadt. Die Festung, kulissenhaft im frühen Morgenlicht, die Giebel der vertrauten Häuser und die Türme der Kirchen.

Der Nonnberg, hinter dessen stillen Klostermauern Maria Salome schon seit sechs Jahren unter ihrer schweren Grabplatte schläft. Und weiter wandert ihr Auge, dorthin, wo einst das Münster stand. Nicht viel mehr als die Grundmauern des neuen Domes stehen. Der Herr hat die Opferung der Maria Salome nicht angenommen. Er hat das Kind zu seinen himmlischen Heerscharen entrückt, und auf dem Kirchenbau des Vaters liegt doch kein Segen.

Die großartigen Pläne, die mit der Peterskirche zu Rom wetteifern sollten, sind längst bescheideneren gewichen. Der Riesenkuppelbau, zu dem man auf weiten Treppen hinaufsteigt, hat einem Langhausbau weichen müssen, dem das Kreuz zugrunde liegt und dem nicht mehr die antiken Kolossalrundbauten des heidnischen Rom heimliches Vorbild sind.

Wann wird der Bau fertig werden?

‚Vermessentlich haben wir uns daran gewagt, Wolf Dietrich! Und nun? Wer wird das Haus des Herrn weiterbauen?'

Über die Berge greift mit goldenen Fingern die ewige Sonne, als die schweren Wagen in die letzte Kehre des Weges hineinrumpeln, die Frau Salome den Anblick Salzburgs auf Jahre entzieht.

Wenn der Pfleger von Radstadt am 27. Oktober Salome Altenauerin samt zwei Söhnen und drei Töchtern, die Frau des Maximilian Steinhauser mit Sohn und Tochter und ihren Leuten und die Frau des Samuel Alt mit vier Söhnen und den Junker Ritz inhaftiert, so ist es, weil er dem Domkapitel zu Diensten sein will. Denn er fürchtet mit Recht, daß man alle Beamten, die im Solde Wolf Dietrichs standen, genau unter die Lupe nehmen wird. Aber er ist selber froh, daß er sie bald wieder freigeben kann, denn die Namen der Familien Steinhauser und Alt haben einen guten Klang. Er gehört nicht zu den Leuten, die sich ihr Mütchen kühlen wollen an Frauen und Kindern.

Genau betrachtet, geschieht Frau Salome und den Ihren eigentlich gar nichts. Daß man ihr nur einen Bruchteil ihres Vermögens läßt, fällt nicht so sehr ins Gewicht. Es ist noch immer so viel, daß sie sich in Wels ein schönes Haus kaufen kann. Sie findet fürs erste Aufnahme bei jenem Christof Weiß, dessen Protestantismus Wolf Dietrich unerbittlich mit Verbannung ahndete; und dessen Ehefrau Felizitas, geborene Alt, er nicht einmal die

Mitgift aus Salzburg mitnehmen ließ. Die Laune des Schicksals will es, daß dieser landesverwiesene Christof Weiß nun alles dransetzt, die Familie des Erzbischofs wieder in geordnete Verhältnisse zu bringen und den Vertriebenen mit Rat und Tat beisteht.

Frau Salome aber wartet. Sie wartet geduldig, daß eines Tages Wolf Dietrich wieder bei ihr ist.

Sie hört von seiner widerrechtlichen Gefangennahme auf Kärntner Boden und weiß auf tausend Umwegen Bescheid über ihn. Hat er sich unter den Mächtigen des eigenen Landes und der Nachbarn unerbittliche Todfeinde geschaffen, so ist das einfache Volk nun, da die Kriegsgefahr und die unmittelbare Sorge um Hab und Gut abgewendet ist, ihm nicht mehr gram. Mit dem natürlichen Instinkt unverbildeter Menschen findet es das Vorgehen seines Nachfolgers und Vetters, Markus Sittikus, gegen seinen eigenen Verwandten unmenschlich und verwerflich.

Dieser Markus Sittikus, der den stets freigebigen Wolf Dietrich in seiner Glanzzeit ständig um Geld angegangen hat, und vor dem der Volksmund schon bald nach seiner Ernennung zum Domherrn warnte: ‚Wolf Dietrich hüt dich, Marx Sittich sticht dich!‘, hat es nicht leicht. Der gefangene Erzbischof, den er zuerst in Werfen und dann auf der Festung Hohensalzburg unter tausend fadenscheinigen Vorwänden weiter festhält, ist — je länger er ihn zum Gefangenen macht, desto mehr — seinem Verhältnis zu seinen Untertanen abträglich. Immer wieder finden sich Leute, die sich für Wolf Dietrich einsetzen; die ganze Grausamkeit seines Nachfolgers kann nicht hindern, daß die Kunde von seiner schmählichen Behandlung durchs Land läuft und um Mitgefühl für den ehemaligen Erzbischof wirbt. Hat auch Markus Sittikus fast alle alten Bediensteten des Erzbischofs aus seiner Umgebung entfernt, so sind die neuen Leute doch wieder mit den alten versippt und befreundet; über Dienertreppen, Schreibstuben und Soldatenliebchen geht die Kunde von dem erbitterten Kampf des gefangenen Löwen um seine Freiheit und das Vermögen der Seinen bis nach Wels.

Frau Salome hofft mit ihm und wird wieder enttäuscht und hofft von neuem. Sie wird bespitzelt und ausgefragt von offiziellen und inoffiziellen Abgesandten des neuen Erzbischofs und des Bayernherzogs Max. Man drängt in sie, ob sie wirklich mit dem Erzbischof verheiratet war, und sie lebt in ständiger Angst, daß ein unbedachtes Wort dem geliebten Mann schaden könnte. Sie weiß, daß alle ihre Verwandten und Freunde ständig verhört und bedrängt werden, aber es findet sich auch immer ein Schreiberlein und ein Bote, die Protokolle und

Anschuldigungen an die Familie des Gefangenen zu verraten.

„Du wirst dich damit abfinden müssen, Salome! Und du solltest dir dein Leben so einrichten, als würdest du deinen Herrn nie wieder sehen!" Der Kaufmann Christof Weiß sagt es behutsam, aber es muß besprochen werden.

Die Frau, die mit kalkweißem Gesicht vor ihm sitzt, ist wie erstarrt. Plötzlich aber kommt Leben in ihre marmorne Gelassenheit. „Nein", sagt sie heftig, „das kann nicht sein! Wolf hat doch auf dem Nonnberg resigniert in die Hände des päpstlichen Nuntius Diaz, sie haben also alles erreicht, was sie wollten. Sie konnten den neuen Erzbischof wählen, was wollen sie noch mehr? Da kann ihnen der alte nur hinderlich sein! Es wird sich nur um die Pension handeln. Ich weiß, Wolf ist eigensinnig! Ich habe sichere Nachricht, daß sie ihm jährlich vierundzwanzigtausend Gulden geboten haben, aber es ist ihm nicht genug. Er will für die Kinder zwanzigtausend, dreißigtausend für die Reise und die Freigabe meiner hundertzwanzigtausend Gulden in Tirol. Sie wollen ihn nur mürbe machen, Christof! Doch kann sich das nur mehr um Wochen drehen; ich will versuchen, ihm Nachricht geben zu lassen, daß er das Schachern um das Geld sein läßt. Ist er einmal frei, so wüßte ich nichts, was mich hindern könnte, zu ihm zu kommen, und müßte ich auf bloßen Füßen bis in die Schweiz laufen."

Christof wiegt zweifelnd den Kopf und versucht vergebens die Worte so zu wählen, daß sie am wenigsten schmerzen. Die Frauen aus der Familie Alt haben ein heißes, opferbereites Herz. Auch seine Felizitas verließ die Heimat und kam zu ihm nach Wels.

Doch ahnt denn Frau Salome nicht, daß ein verfemter Erzbischof sich schwerer tut als ein landesverwiesener Kaufmann? Er will ihre frohe Hoffnung nicht ganz zerstören, die nun in Zukunftsplänen träumt.

„Christof", sagt sie weich, „wir fallen euch nicht lange mehr zur Last, ich will das Haus doch noch nicht kaufen. Wenn mein Herr kommt, so soll er bestimmen, wo wir bleiben."

Es wird ein endloses Provisorium. Markus Sittikus und Maximilian von Bayern fürchten die geistige Überlegenheit ihres Gefangenen. Ist er einmal wirklich frei, so findet sein scharfer Verstand und seine oft bewiesene Rednergabe wohl nur zu leicht den Weg zu Kaiser und Papst. So tun sie das Schlaueste, das sie enthebt, sich mit ihm geistig messen zu müssen: sie lassen ihn auf der Festung eingesperrt und verwehren ihm selbst das Schreibzeug, daß keine Botschaft Papst und Kaiser erreichen soll. In unermüdlicher Kleinarbeit suchen der Bayernherzog und der Erzbischof alle

Argumente zusammen, die gegen eine Freilassung Wolf Dietrichs sprechen. Jedes Wort, jede rasch hingeworfene Bemerkung des temperamentvollen Mannes wird gedreht und gewendet, bis man ihr die gewünschte böse Absicht unterschieben kann. Es gibt nichts an Schändlichem, was sie dem entthronten Fürsten nicht vorwürfen, über Vergeudung des kirchlichen Besitzes bis zur Ketzerei.

Sie erreichen es wirklich, daß weder Papst noch Kaiser schließlich die Verantwortung für seine Entlassung übernehmen wollen, obwohl sie sich beide zuerst gegen die Gefangenschaft Wolf Dietrichs ausgesprochen haben. Der Kaiser fürchtet nach den geschickten bayrischen Berichten über Wolf Dietrichs Ablehnung der katholischen Liga, zu deren Beitritt ihn Max bewegen wollte, ernstlich, daß Wolf Dietrich mit den protestantischen Fürsten sich gegen ihn verbinden könnte. Er möchte daher gerne den Erzbischof nach Rom unter päpstliche Aufsicht abschieben. Der Papst aber wünschte den unruhigen Kopf auch nicht in der Ewigen Stadt.

So bleibt Wolf Dietrich Jahr für Jahr auf der Festung. Vergeblich bemühen sich seine Brüder mit Bittschriften und Audienzen. Hans Werner, Malteserritter, Hans Ulrich, Deutschordensritter, und Hans Rudolf (Jakob Hannibal ist schon im Jahre des Sturzes gestorben) erreichen zwar, daß Kaiser Mathias den Vizegouverneur von Linz nach Salzburg schickt, um nachzusehen, ob der Erzbischof wirklich so schlecht behandelt wird. Aber Markus Sittikus läßt ihn erst gar nicht auf die Festung: denn der Gefangene unterstehe dem Papst.

Die Brüder senden daher im Oktober 1612 einen eigenen Agenten, den Priester Christof Römer, nach Rom. Aber auch das ist umsonst.

Wolf Dietrich selbst findet immer Mittel und Wege, zu Feder und Schreibzeug zu gelangen; er wendet sich an Papst und Kaiser und an eine Reihe von Reichsfürsten. Doch wird der Brief an den Papst aufgefangen; da Markus Sittikus aus der Beschwerdeschrift sieht, wie überzeugend sein Vetter seine trostlose Lage zu schildern versteht, ist die Folge, daß Wolf Dietrich, der eine Zeitlang wenigstens auf der Festung sich frei bewegen durfte, nun in strengster Haft gehalten wird. Man verschlägt ihm sogar die Fenster mit Brettern wie in einem Nonnenkloster, damit er nicht mit den unten postierten Wachen in Verbindung treten kann. Wolf Dietrichs Persönlichkeit hat unter den Soldaten noch immer mehr Anhänger als der weichliche Markus Sittikus.

Der neue Erzbischof lebt in einer geradezu grotesken Furcht vor seinem Vorgänger; er atmet auf, als die bayrischen Truppen, die Wolf Dietrich erst bewachten, abgezogen werden und er seine eigenen Soldaten hinstellen kann, die zwar offiziell auf den päpstlichen Nuntius vereidigt werden, aber doch in seinen Händen willfährig sind. Er rechnet auch ganz richtig, daß das Gewissen der Welt für einen Unglücklichen abstumpft, wenn man es durch die Länge der Zeit an dessen üble Lage gewöhnt.

Haben sich zuerst Fürsten und Kaiser gegen die Gefangenhaltung eines regierenden Fürsten in einer Art Solidaritätsgefühl aufgelehnt, so lassen sie sich durch die aalglatten Beteuerungen Markus Sittikus' gerne von einem wirklichen Eingreifen abhalten.

Die Brüder des Abgesetzten aber erlahmen allmählich, da ihnen das Geld ausgeht und sie einfach nicht mehr die Mittel haben, kostspielige Romreisen und Bittgänge zum Kaiser zu finanzieren. Es geht wie allemale in der Welt, daß Unrecht zu Recht wird, wenn die Macht dahintersteht und die nötige finanzielle Stärke.

Die Frau in Wels will das alles nicht wahrhaben. Sie hofft von einem Boten auf den andern, daß er sie endlich aus dem bösen Traum erweckt, der sie umfaßt, seit sie von Wolf Dietrich schied.

Auch heute wartet Frau Salome auf Nachricht aus Salzburg. Ihre Unruhe ist groß, denn sie hat sie sich schon am Tag vorher erhofft. Die Stickerei, die sie in den Händen hält, will nicht vorwärtsgehen.

Sie starrt in das Treiben auf dem weiten Marktplatz, wo das reiche Bauernland seine strotzende Fülle an Gemüse, Obst und Getier zusammenbringt, feilscht und handelt, lacht und schilt, je nach dem gegebenen Augenblick und den Menschen, die just aufeinanderprallen.

Es ist hier die Lebensart anders als in Salzburg. Breitspuriger und behäbiger, der Ebene mehr hingegeben, die fruchtbar ist und das Säen und Ernten leichter sein läßt. Nicht drängen sich die Häuser hochgestockt aneinander, nein, es ist Platz für weite Höfe; die Wirtschaftsgebäude dehnen sich vom Wohnhaus weg, denn der Raum ist nicht gedrückt zwischen Fluß und Berg, und daher nicht so kostbar.

Dieser riesige Marktplatz! Ganz Salzburg hat keine solche weite Fläche, die dem Handel freigegeben ist! Da plärren die Kälber und schnattert und gackert es aus den Steigen vom fetten Mastgeflügel bis zu den jungen Tauben. Im rohen Bretterverschlag quiekt der ganze Wurf samt einer Muttersau.

Die Mädchen und Frauen, die die goldgelben Butterstriezel feilhalten und vor ihren Eierkörben sitzen, sind im allgemeinen draller und blonder als die Frauen, an die Salome in Salzburg gewöhnt war. Der dunkelhaarige, schlanke Einschlag der Leute aus den Bergen ist hier nicht mehr so stark spürbar; es ist, als wären die Menschen heller und üppiger geworden, weil ihnen die Sonne viel früher aufgeht und viel später sinkt über der weiten, offenen Welser Schüssel.

Frau Salome sieht geistesabwesend dem Treiben

zu. Sie gehört noch immer nicht ganz hierher. Sie lebt in der Verbannung; und fast findet sie es manchmal unverzeihlich, daß ihre Kinder nicht in derselben Zurückgezogenheit verharren und auf die Familie bechränkt bleiben. Da steht Everard wieder unten, dieser begabteste Jüngste der Schar, die ihr nur da zu sein scheint, daß sie in jedem jungen Gesicht einen Zug des Geliebten erspäht, die Aufspaltung aller guten und schlechten Eigenschaften des Mannes, dem sie heute genau so verfallen ist wie vor zwanzig Jahren.

Dieser kleine Everard, der so leicht lernt und ihr so viele Fragen stellt, vor deren Beantwortung sie unsicher zurückschreckt, und der sie dann aus Wolf Dietrichs Augen ansieht, zugetan, aber ein wenig überlegen — dieses letzte Unterpfand einer so viel geschmähten, aber unendlich glücklichen Ehe, steht nun da unter den Welser Straßenjungen, sich stoßend und drängend um einen fahrenden Gesellen, der ein trauriges Äffchen an einer viel zu schweren Kette seine Kunststückchen machen läßt.

Salome möchte ihn heraufrufen, weil es sie schmerzt, daß das Kind so sorglos lacht, und der Bote mit der Nachricht über Wolf Dietrich bleibt aus. Ist es möglich, daß das Blut Wolf Dietrichs fröhlich sein kann, während sich sein Vater Tag für Tag hinter Kerkermauern quält?

Der einst weiche, üppige Mund der Salome hat harte Linien bekommen, zurückgestrafft ist das noch immer volle Haar, als wollte sie es sich verbieten, schön und begehrenswert zu sein. Sie ist streng und unnahbar geworden, ihren Kindern vergeht vor diesen immer ernsten Augen das Lachen. Sie sehen es wohl ein, daß die Mutter um den gefangenen Vater trauert, aber ihrer lebendigen Jugend ist es nicht gegeben, in diesem Zustand zu verharren. Frau Salome erfaßt manchmal Bitterkeit, wenn sie sieht, wie ihr junges Volk neue Freundschaften schließt und sich von Tag zu Tag mehr einlebt in seine Umgebung.

Kommt dort nicht ihre Eufemia, mit dem hellbraunen Kraushaar und den blitzenden dunklen Augen, mit schnellen Schritten dem Kindesalter enteilend, eine zarte und doch schon heranreifende Mädchenknospe, der die robusten, bürgerlichen Vettern mit allen ihren Freunden nur zu gerne über den Weg laufen?

Wahrhaftig, nun steht auch sie bei Everard! Und hinter ihr der junge Mann, das ist doch der Max Richtersperger, Gegenschreiber aus dem Vitztumamt Linz.

Der Richtersperger ist nun oft in Wels. Geb's Gott, er wird doch nicht der Kleinen wegen immer wieder herüberkommen! Er kann versichert sein, daß ihm keine bessere Antwort wird als den andern, die sich um Wolf Dietrichs hübsche Töchter drängen: „Ich verheirath kein Kind, so lang es mit meinem gnettigsten Herrn die Gestalt hat!"

Frau Salomes Gesicht hat seinen abweisendsten Zug bekommen. Nun wird sie aber beide rufen!

Ihre Hand legt den Stickrahmen mit hartem Griff zur Seite; sie will eben die Magd hinunterschicken, als sie gefesselt wird durch den Anblick, der ihr jäh das Herz schneller schlagen läßt.

Es hastet durch das Menschengewühl ein Mann, abgerissen und verstaubt, grau die Gesichtsfarbe, wie nach einer argen Übermüdung, obwohl sichtlich jung an Jahren. Nun spricht er eine der dicken Eierverkäuferinnen an. Doch diese scheint ihm keine rechte Auskunft geben zu können. Sie hebt die runden Schultern bedauernd, und das gutmütige Gesicht unter dem bunten Kopftuch wendet sich der Nachbarin zu, sich vergewissernd, ob etwa diese die gewünschte Antwort geben kann. Der fremde Mann dreht den Kopf erwartungsvoll mit, doch auch die andere Bäuerin weiß anscheinend nicht Bescheid.

Frau Salome erfaßt plötzlich, was der Fremde will. Sie weiß es von innen heraus, ohne ein Wort in dem Marktlärm verstehen zu können: Dort ist die Nachricht aus Salzburg. Und schon in derselben Sekunde legt es sich wie ein Rauhreif über den ersehnten Augenblick: Aber eine böse Nachricht!

Ihr Herz hämmert schmerzhaft gegen die Rippen, daß es ihr den Atem kurz werden läßt und sie kaum verständlich der jungen Magd, die ihr Schellen von vorhin nun ins Zimmer bringt, sagen kann: „Hol den Mann dort herauf!" Und sie wollte doch die Kinder rufen lassen.

„Den dreckigen Gesellen, Herrin?" fragt die Dirne ungläubig, als ihr Auge der weisenden Hand folgt. Aber in demselben Augenblick scheint dem Fremden doch aus dem rasch anwachsenden Kreis der hilfreichen, wenn auch unwissenden Ratgeber brauchbare Kunde geworden zu sein, denn er hebt den Blick, und sein Auge läuft abschätzend die Hausfront ab, wo Frau Salome am Fenster lehnt. Über sein Gesicht läuft ein freudiges Aufleuchten beim Anblick ihrer Gestalt, er neigt sich tief und eilt so raschen Schrittes dem Haustor zu, daß ihn die junge Magd nur mehr in Empfang zu nehmen hat auf halber Treppe.

Frau Salomes Ahnung hat sie nicht betrogen. Der da erschöpft vor ihr sitzt, bringt wahrlich keine gute Nachricht. Er ist den Häschern des neuen Erzbischofs mit knapper Not entronnen, und sein abgerissenes Gewand ist alles, was er besitzt.

„Der Markus Sittikus ist wie von Sinnen, daß doch noch Briefe an die Fürsten im Reichstag gingen, und ordnete eine scharfe Untersuchung an. Der Festungskommandant Leonhard Ergott ist sehr erbittert, daß ihm trotz aller Vorkehrungen das unterlief, und er ist rasch zur Hand mit der Tortur. Da hält nicht lange einer dicht. So bin ich weg. Denn wenn sie erführen, daß in meinen Pastetchen, die ich unserm guten Herrn bereitete, so manches Brieflein war versteckt, sie hätten mir den Hals wohl lang gemacht und ich baumelte schon längst vor dem Nonntaler Tor. Das Schlimmste aber ist, daß sie nun doch alles wissen. Ich wollte mir mein Gewand nachschicken lassen nach Vöcklabruck durch eine gute Frau. Doch haben es die Spürhund' des Erzbischofs ausgekundschaftet, und man nahm die Arme in ein scharfes Kreuzverhör über meinen Umgang und so fort. Und da hat sie ihnen den Mesner vom Festungskirchlein genannt. Den haben sie peinlich befragt, und er schwätzte alles aus: Wie wir beide uns die Schlüssel haben verschafft zu dem Dachboden über dem Zimmer von Seiner Gnaden und das Loch bohrten in die Zimmerdecke und ihm da Briefe und Gegenstände hinuntergelassen haben.

Daß sie das Loch so lange nicht bemerkten, war ja kein Wunder, wo doch der Markus Sittikus dem Gefangenen nur durch ein Rad die Speisen durch die Türe schieben läßt, damit er mit keinem Wächter in Berührung kommt. Und weder die zwei Patres noch der Barbier, die mit ihm eingeschlossen sind, dürfen jemals die Zimmer verlassen."

Der Koch sieht die Salome aus treuen Hundeaugen verzweifelt an, als er sich weiter anklagt: „Was ist mir leid, daß ich mein Sach hab nicht im Stich lassen wollen! Nun ist unser gnädiger

Herr ganz abgeschnitten von den Seinen! Sie haben auch die Nonne schon vom Nonnberg, die die Briefe hat weitervermittelt. Und die ärgsten Bluthund' sind nun seine Wächter."

Frau Salome ist, als erstarre ihr das Blut zu Eis in den Adern. Ihr stolzer Wolf! Auf engem Raum mit drei andern zusammengepfercht, durch einen Dreher gefüttert wie ein wildes Tier, dessen Berührung schon giftig und gefährlich ist. Verdammt zu völligem Nichtstun, dieser bewegliche, scharfe Geist! Und nun das letzte Labsal ihm vernichtet, daß hie und da ein Schreiben von der Außenwelt ihn erreicht. Genommen ihm nun auch die bescheidenste Hoffnung! Eingemauert, lebendig eingemauert, ihr Wolf!

Frau Salome duckt sich wie unter einem Schlag, als diese Vorstellung über sie herfällt, und fragt unvermittelt und scheinbar ohne jeden Zusammenhang: „Und der Dom? Wie weit sind sie mit dem Dom?"

Der Koch sieht sie verwundert und unsicher an. Wie kommt die edle Frau auf das Gotteshaus, wenn ihrer aller Sorge doch dem gefangenen Erzbischof galt? Und widerwillig fast sagt er: „Nun, dort geht die Arbeit weiter. Die Leute sagen zwar, hätte Wolf Dietrich ihn nicht geplant, könnte Markus Sittikus ihn nicht bauen. Wie überhaupt er nur fertigstellt, auch in der Residenz, was unser Herr begonnen, und dann sich brüstet, als wäre es seine Idee."

Frau Salome hört es wie hinter einem dicken Samtvorhang. Ihre Gedanken irren von dem Boten ab, der nun sein eigenes armes, klägliches Schicksal ihr sanft vor Augen hält, wohl hoffend, daß für seine wenn auch vergebene Mühe ihm Hilfe wird.

Und während ihr Mund ihm verspricht, seine Botschaft zu entlohnen, als wäre sie ihr erwünscht gewesen, spielt ihr Hirn mit dem flüchtigen Satz, den der Koch ihr hingeworfen: „Markus Sittikus muß fertigbauen, was Wolf Dietrich begann." Und eine unerklärliche Aufwallung von Stolz über Wolf zieht durch ihr Herz, daß er auch seine ärgsten Feinde zwingt, in seinem Geiste weiter zu handeln.

Doch jäh erlischt dieses unbestimmte, fast befriedigende Gefühl; sie muß sich aufschluchzend auf ihre Arme werfen, als der Salzburger Koch endlich aus dem Zimmer ist, um unten im Haus fürs erste einmal richtig gefüttert und mit ordentlichem Gewand zu einem neuen Menschen zu werden.

Frau Salome aber gräbt die Zähne in den weißen Arm, daß sie nicht schreit in ihrer Herzensqual, nun, da in aberhundert Bildern ihre Phantasie sich ausmalt, wie der Geliebte ohnmächtig auf der Festung sitzt, jeder Gehässigkeit seiner Feinde ausgeliefert, gepeinigt von seinem eigenen unruhigen Herzen und der Trostlosigkeit einer verständnislosen Umgebung. Und der letzte Weg zu ihm verschüttet! Die frommen Frauen auf dem Nonnberg hineingezogen in den Sog des Mißtrauens!

Die Schwestern haben bis jetzt die Dankbarkeit nicht vergessen, die sie dem Erzbischof schulden, der ihr Kloster immer reich begabt hat. Aber eine hilfreiche Hand nach der andern wird lahmgelegt. Die Großen des Reiches schweigen dazu, daß man Wolf Dietrich die Freiheit versprach, wenn er resignierte, und ihn doch weiterhin so schmählich gefangenhält; und der kleinen namenlosen Helfer, die durch des Gefangenen bittende Briefe an das Gewissen der Mächtigen rühren sollen, werden immer weniger. Nie mehr wird dem Kaiser und der Kaiserin ein ergreifendes Schreiben von Wolf Dietrich zukommen, wo ‚das Papier grob und intricat zusammengelegt war, daß es mit seltsamer Manier muß von dem Schloß expraktiziert worden sein; eingehändigt von einem schlechten Schiffmann'.

Daß der gefangene Wolf Dietrich sehr unter diesen verschärften Absperrmaßnahmen leidet, findet Frau Salome bald bestätigt. Trotz der hermetischen Abschließung raunt die Stadt von einem Verzweiflungsanfall der Gefangenen, als man ihnen die Fenster wieder verschlagen wollte, nachdem ein Gewittersturm die Verschalung losgerissen hatte. Wolf Dietrich und die zwei Patres mit dem Barbier zerschlugen mit Bettbrettern den Dreher und zertrümmerten fast die Tür, hieben Tische und Bänke zu Kleinholz, unter lautem Schreien gegen die ungerechtfertigte weitere Gefangenhaltung protestierend. Erst als man den Barbier in Eisen schlug und wegführte und es auch den Patres androhte, beruhigte sich Wolf Dietrich und versprach, sich in Geduld zu fassen um seiner Mitgefangenen willen.

Noch einmal versuchen ein paar verwegene Gesellen aus der Festungsbesatzung seine Befreiung. Ulrich Reitenegger und seine Kameraden Jakob Schnitzlechner und Johann Pritschan wollen, wenn Reitenegger die Wache vor Wolf Dietrichs Tür hat, die Rettung wagen. Der Reitenegger soll das Schloß öffnen, während der Schnitzlechner statt seiner Wache steht. Und durch den damals eben verabschiedeten Soldaten Andrä Auer sollen Wolf Dietrichs Brüder verständigt werden, die ihn zwischen Glocken- und Reckturm übernehmen. Durch eines der drei Gattern würde man ihn hinunterlassen. Aber der Plan kommt nicht zur Ausführung. Schon haben sie sich verschiedene Leitern und Nachschlüssel verschafft, als ganz zufällig, gelegentlich einer Inventaraufnahme, die Vorbereitungen entdeckt werden. Nur Reitenegger gelingt es zu fliehen, die beiden andern werden hingerichtet.

Nun wird es ganz still um Wolf Dietrich.

Wenn Salome den Nachrichten glauben soll, hat er sich in sein Schicksal ergeben und ist ein ‚rechter Spiegel der Buß und Tugend' geworden.

Auch Frau Salome sitzt stundenlang in der Pfarrkirche. Es ist der Ort des Friedens, wo die Welt nicht an sie heran kann; sie erlebt immer wieder, daß nach solcher Einkehr bei dem Gott ihrer Kindheit sie ruhiger wird und die sehnende Verzweiflung um den Geliebten sich mildert zu wehmütiger Ergebung. Vielleicht ist ihr in diesen Stunden wirklich der Gatte nah, der auf der Festung sein Leben vorüberziehen läßt und darüber nachzudenken so unendlich viel Zeit hat. Es war kein Leben ohne Tadel, Salome weiß es wohl. Aber es war ein reiches, wildes, kraftstrotzendes Leben. Und wenn ihn alle tadeln, sie kann es nicht. Ihr und den Kindern ist er der beste Mensch auf Erden.

Sie hört nun viel über ihn. Zum Teil mit Bedauern, zum Teil doch auch mit einem Funken hämischer Befriedigung bespricht und überlegt man, woran der selbstbewußte, kluge Mann gescheitert ist. Nur ist es seltsam, daß nun, wo sein Nachfolger regiert, seine Fehler kleiner werden. Und die Familie des verfemten Mannes immer mehr Achtung erringt, je länger seine Einkerkerung dauert.

Die Kinder bekommen die bestmögliche Erziehung; Frau Salome holt sich in allen diesbezüglichen Fragen Rat bei dem Bruder Wolf Dietrichs, Hans Rudolf.

Wohl hat sie bei dem Zusammenbruch des

Großhandelshauses Steinhauser schwere Einbuße erlitten, doch bleibt ihr immer noch so viel, daß sie keine materiellen Sorgen hat. Sie ist Kaufmannskind genug, vorsichtig hauszuhalten. Freilich, wenig ist es im Vergleich zu dem, was Wolf Dietrich den Seinen zugedacht hat. Frau Salome weiß nicht, ob es seine Richtigkeit hat, wie die bayrischen Räte nach Rom berichteten, daß er danach strebte, sein Erzbistum zu säkularisieren und seinem Sohn Hannibal ein erbliches Fürstentum zu hinterlassen. Wolf griff oft nach den Sternen in seinen Plänen.

Und nun nimmt ihr das Jahr 1616 diesen Lieblingssohn.

Der Sensenmann mäht ihn gleichgültig nieder zwischen der Schmid-Kathl, die ihn schon seit Jahren herbeibetet, auf daß er sie erlöse von ihrem bresthaften Körper, der dem Hunderter so nahe ist, und dem lustigen kleinen Friedl, den sein eigener Mutwille in seiner Mutter heißes Laugenschaff stieß.

Der Tod faßt flink und ohne viel Vorwarnung den Ältesten der Salome mit dazu, weil es sich gerade so günstig schickt, daß das Fieber um ein klein wenig höher klettert, als es das Herz des Dreiundzwanzigjährigen aushalten will.

Nun reißen sie die Fenster auf in der Krankenstube, und während Salome noch auf die Kraft ihres irren, abgerissenen Gebetes hofft, das die flüchtende Seele zurückhalten soll in dem geliebten Kind, mit Gelöbnis und Versprechen an die höchste Macht, schluchzen die jüngeren Geschwister schon laut im Erkennen, daß Unabänderliches sich vollzogen hat.

Der Muhme Felizitas rinnen die Tränen über die dicken Backen, auch ihre Lippen murmeln Gebet um Gebet, während ihre weichen geschickten Hausfrauenfinger dem jungen Toten zart und behutsam, aber fest, das weiße Seidentuch ums Kinn knüpfen, auf daß der arme Mund, den das Todesröcheln aufzwang, nicht noch weiter absinke und ein schreckhaft Bild abgäbe denen, die nun bald kommen werden, Abschied von dem jungen Blut zu nehmen für immer.

Felizitas winkt die Magd mit den Augen herbei, und die trägt Schüsseln und nasse Tücher fort und bringt warmes Wasser und frisches, kühles Linnen, Spitzenzeug und die schönste Wäsch', die jedes Haus bereit hat für so einen traurigen Fall, und die beim Kaufmann Christof Weiß vom allerbesten ist, wie es sich für einen vermögentlichen Mann gebührt.

Die Felizitas schiebt sanft, aber bestimmt, die Geschwister zur Tür hinaus, und das Weinen und Schluchzen zieht durchs ganze Haus, läuft mit den Boten über den Marktplatz zur Pfarrkirche und hängt sich an das Zügenglöcklein, das eben erst für die Schmid-Kathl gewimmert hat und vom kleinen Friedl noch nichts weiß.

Der Christof Weiß will auch die Salome aus dem Sterbezimmer führen, auf daß seine Frau und die Magd leichter hantieren könnten, das Paradebett für den armen Neffen zu richten. Aber die Salome wendet ihm ein paar tränenlose, fast schwarze Augen zu, in denen die Pupillen so geweitet sind, daß man meint, man sähe in ein schier unergründliches Düster, und die vertraute Stimme kommt von weit her, als sie leise, aber sehr bestimmt sagt: „Nein, Vetter, laßt mich bei meinem Buben!" Der Mann zieht den Kopf zwischen die Schultern ein und schleicht hinaus. Es kommt ihm plötzlich unsinnig vor, daß er sich hineindrängen will zwischen Mutter und Kind für die kurze Spanne, die den beiden noch gegeben ist für einander auf der Erde. Auch Felizitas und die Magd scheinen es zu fühlen, und sie machen keinen Versuch, das Tun der Salome zu beeinflussen, obwohl ihnen beiden auf der Zunge liegt, die Mutter wegzuschicken mit dem allzeit richtigen und ewig billigen Hinweis, daß auch ihre Kräfte nicht endlos reichen und die andern Kinder ihrer noch weiter bedürfen. Bei Salome kommt einem immer vor, als treffe nie ganz zu, was bei andern Menschen erprobt und richtig, und es widerfährt einem plötzlich, daß man von einer beschämenden Unsicherheit angefallen wird unter diesen grauen Augen, und man sich helfen lassen muß von ihnen, sein Mitgefühl schicklich anzubringen, statt souverän die eigene Güte verschenken zu können.

Frau Salome kniet nun nicht mehr an Hannibals Bett. Sie hat sich wie selbstverständlich in den Armsessel gesetzt und sieht den beiden Frauen zu, die fast wortlos und flink die schlanke Jünglingsgestalt bereitmachen für ihre letzte große Reise.

Sie rührt keinen Finger, wie es auch niemand von ihr erwartet. Sie hat Hannibal nicht in sein erstes Kinderbad gelegt; das taten fremde Hände für sie. Aber sie hat es ebenso kritisch überwacht wie jetzt das letzte Waschen auf dieser Erde. Sie hat scharfäugig gesehen, wenn ein Hemdlein den kleinen Knaben belästigte mit einer übersehenen Falte oder mit einem zu eng gezogenen Bändchen, und nun zieht Base Felizitas das Totenhemd glatt, auch wenn es den großen Hannibal nicht mehr drücken kann, weil es die Augen seiner Mutter wortlos verlangen.

Es ist ein leises Kommen und Gehen in dem Sterbezimmer, wie man das Gesinde eben braucht zu hilfreicher Handleistung bei solchem Geschehen. Aber deshalb scheint die Salome doch ganz allein zu sein mit ihrem Toten. Daß nun alles gerichtet ist und würdig für Wolf Dietrichs Sohn, scheint sie nicht zur Kenntnis zu nehmen, und es haben doch alle geglaubt, sie sähe ihnen streng auf die Finger.

Als die Felizitas nun verzagt hintritt zur Base, fast als bettle sie um eine Zustimmung, daß alles zu ihrer Zufriedenheit getan wurde, blickt sie unwillig auf. Der Kaufmannsfrau stolpert unbeholfen über die Lippen, ob Salome nicht doch jetzt endlich einen warmen Löffel Suppe essen wolle. Während sie fragt, kommt ihr selbst die Ungeheuerlichkeit der Zumutung, daß diese Mutter nun essen gehen soll, so grotesk vor, obwohl es doch nur vernünftig wäre nach ihrem mitleidigen, hausbackenen Herzen, daß sie sich verlegen stotternd zur Türe zurückzieht und sich mit den übrigen aus dem Zimmer hinausfegen läßt durch den wortlosen Blick der andern.

Frau Salome sieht nun wieder unverwandt in das junge, blasse Gesicht hinein, um dessen geschlossene Augen die tiefen Schatten des letzten Kampfes liegen. Die Krankheit hat es älter gemacht, und plötzlich sehen erschreckend deutlich die Züge des geliebten Mannes durch, der dieses Jünglings Vater ist. Eigentlich hat man immer gesagt, daß Hannibal viel mehr seiner Mutter gleiche, und Salome hat es als selbstverständlich hingenommen. Aber nun, da der Gevatter Tod alle Weichheit aus den Zügen aufgehoben hat, treten die Linien des Vaters mehr hervor. Des Vaters, der nun Jahr um Jahr von den Seinen getrennt dahinlebt und noch völlig ahnungslos ist. Die Frau ist fast froh, daß die Verbindung mit dem Gefangenen unterbrochen ist. Sie hofft inbrünstig, daß man ihm den Tod dieses Lieblingssohnes nicht mitteilen wird.

Ist es nicht sonderbar, daß der Mensch auch um etwas froh sein kann, das er Jahr um Jahr zu umgehen suchte? Salome grübelt es vor sich hin, während ihre Augen die geliebten Züge festhalten und sich einprägen wollen, ehe man sie ihr wegnimmt für immer.

Gewiß, es ist nicht das erste Sterbebett eines Kindes, an dem sie sitzt. Kleine, kaum geborene, fast noch namenlose Menschenblüten hat sie beweint, und am Sarg der Maria Salome saß sie, deren strenges Gesicht ihr noch den Vorwurf ihrer nutzlosen Opferung zu machen scheint, wenn es sich einmal in ihre Träume drängt. Alle diese Kinder liefen nur eine verhältnismäßig kurze Spanne Zeit neben ihrem Leben her. Aber, was nun vor ihr auf dem Totenbette ruht, lebte die schönste Zeit ihres Daseins mit. Hannibal war es, der aus dem Erzbischof erst den Familienvater machte. An diesem ersten Sohn hat sich der Charakter ihres Mannes bewährt, daß die schöne Salome nicht nur ein lockend Spielzeug war für den allmächtigen Kirchenfürsten, sondern schicksalhafte Ergänzung für immer.

Und nun muß sie dieses junge Blut begraben und mit ihm die Aussicht, daß der Sohn dem Vater die Treue zu seiner Familie einmal lohnen würde. Hat doch der Dreiundzwanzigjährige schon erheblichen Anteil an ihren Sorgen genommen, und wieder ist eine Hoffnung zerbrochen, daß noch alles gut werden kann, weil Kindesliebe eines Tages selbständig genug ist, neue Mittel und Wege zur Rettung des Vaters zu finden, wenn schon die Brüder erlahmen.

Die Verzweiflung fällt über die einsame Frau her, grausam und hämisch, daß sie sich aufbäumt gegen ihren Gott, der ihr auch noch das zuteilt, wo sie sich schon getroffen meint bis ins Mark.

„Warum", denkt sie böse und hart, „muß gerade diese Menschenblüte fallen? Er war wohlgeraten an Leib und Seele und hätte edle Frucht getragen. Wo bleibst du, gütiger Gott? Sein Vater und ich, wir haben gesündigt, aber warum strafst du dieses unschuldige Kind? Um uns zu treffen? — Ist das gerecht? Kein Vogel fällt aus der Luft, ohne daß du es willst — sagen sie — und du löschst dieses schuldlose Leben aus, das sich so freute an deiner Welt. Du bist allmächtig — sagen sie — warum hast du das getan? Warum hast du nicht den armen Krüppel genommen, der alle Tage vor der Kirchtür sitzt, sich und jedem, der sein Elend mit ansehen muß, zur Qual, warum nicht den? Und da sagen sie, du bist weise! Läßt die Besten von deinen Geschöpfen zugrunde gehen und sparst das Unwürdige, Unerbetene."

Der alte Gott hat schon oft so mit sich hadern gehört. Er läßt die Mutter all ihre bittern Anklagen tun, denn er gab seinen Menschen den freien Willen, und das gehört auch mit dazu, daß sie sich auflehnen gegen ihnen Unverständliches mit harten Worten. Gott ist langmütig.

Er läßt den Schmerz der Salome sich tot rasen in seiner tränenlosen Heftigkeit. Er tut deshalb kein Wunder, um den kleinen Menschlein zu beweisen, daß er es auch anders könnte. Ach nein, bestimmt nicht! Es hebt Hannibal nicht die blasse, wächserne Hand, um seiner Mutter die Gotteslästerung zu verweisen. Es geschieht nichts, gar nichts. Es nützt nichts, daß die Mutter ihr Gesicht an das kalte ihres Ältesten drückt und ihre Hände über die geliebte Gestalt streichen, als müßte ihre lebendige Wärme das Kind aus seinem Todesschlaf wecken können.

Verschlossen ist das Tor zur Ewigkeit, wenn auch das Menschenherz noch so sehr davor tobt.

Aber vielleicht ist es doch auch ein kleines Wunder, daß Salome plötzlich sieht, wie friedlich ihr Kind aussieht. Das Jünglingsangesicht hat einen freundlichen, stillen Ernst angenommen und eine fremde, unirdische Schönheit und Ausgeglichenheit liegt auf den geliebten Zügen. Die schmerzhaften Linien sind fort. Fast ist es, als hätten die bleichen Wangen wieder etwas Farbe bekommen, vielleicht nur ausgeliehen von dem warmen Licht der dicken Wachskerzen, aber tröstlich plötzlich für die Mutter. Man sagt nicht umsonst, daß um den Mund der Toten oft ein Lächeln liegt, ein nachsichtiges vielleicht für die Hinterbliebenen, die die erlöste Seele wieder zurück haben wollen in das irdische Jammertal, weil sie es nicht besser verstehen.

Frau Salome hört betroffen auf, ihrem Gott seine Ungerechtigkeit und Willkür vorzuwerfen. Es weht sie seltsam an, daß die alten Griechen nicht umsonst glaubten, daß jung stirbt, wen die Götter lieben.

Vielleicht ist das Gottes kleines Wunder, daß er der Mutter einfallen läßt, daß Hannibal auch anders hätte sterben können; irgendwo weit unten bei den Türken, jammervoll zu Tode gequält, unter freiem Himmel hilflos und allein. Oder nach einem Leben voll Enttäuschungen verbittert und vom langen Siechtum aufgezehrt, sich und seiner Umgebung zur Last. So aber hat dieses junge Herz aufgehört zu schlagen, noch ehe ihm der Gedanke an das Ende kam. Er hat die Schwelle zu jener geheimnisvollen andern Welt überschritten, ehe er Zeit hatte, sich aufzubäumen gegen die zu kurz bemessene Frist. Vor einer Woche noch stürmte er daher auf einem ungesattelten jungen Pferd, das er sich zureiten wollte, weil seines Vaters Hofstallungen nun dem neuen Erzbischof gehören, aber des Raitenauers Kind die Pferde liebt aus angeborenem Reiterinstinkt heraus, und ein gutes Roß wittert wie ein Jagdhund edles Wild. Wie lachte er über die Schwestern, die auseinanderstoben, als der schwarze Satan bockte bei der ungewohnten Last und wie besessen im Kreise tanzte! Und gar, als er Klein-Everard vom Holzstoß, auf den er sich geflüchtet hatte vor dem stampfenden Roß, mit jähem Griff herunterzog vor sich aufs Pferd. Mit eiserner Hand hielt er den kleinen Bruder fest, während die andere dem ungebärdigen Tier beibrachte, wer hier der Herr war...

Salome weiß, wie sie sich scheltend aus dem Fenster beugte, dem ungestümen Rosselenker solches verwehrend. — Und nun? — Die Mutter neigt sich nieder zu ihrem Kind, und ihre Lippen suchen die kräftige Hand, die niemals mehr einen Zügel halten und keine jüngern Geschwister schrecken wird, diese geliebte, sehnige Jungmännerhand, die nun so artig gefaltet ist wie im Leben selten. Sie muß töricht denken, daß sie nie mehr schelten wird, nie mehr! Auch nicht loben und nicht stolz sein mitten im Schelten. Nie mehr.

Es ist sehr bitter, dem Sinn des „Nie-wieder" so auf die Spur zu kommen, wie es der Salome in dieser letzten Nacht mit Hannibal widerfährt.

Aber Gott ist auch gütig, und er flüstert der Mutter zu, daß dieser junge Tote vor ihr auch nie wieder Schmerzen zu erdulden haben wird, nie wieder Kummer hat, nie wieder unglücklich sein kann und unzufrieden. Und plötzlich lösen sich die Tränen aus Frau Salomes Augen, und sie gönnt ihrem Jungen die Ruhe und das „Nie-wieder", das ihr selbst so schwer zu tragen vorkommt.

Als sie ihm nun über die dichten Haare streicht, ist keine Kälte des Todes in ihnen, und es ist wie einst, als sie dem kleinen Knaben im Schlaf über die Locken strich, wenn er sich müd gespielt hatte und zufrieden in seinem Bettchen lag.

Die Tränen fließen leichter und spülen das Gefühl von der Grausamkeit Gottes weg, und es bleibt eine stille Trauer. Vorbei ist das trotzige Aufbäumen gegen ein scheinbar sinnloses Zuschlagen des Schicksals, und dumpf wird der Frau bewußt, daß Gott mit dem Sterben nicht den Toten straft.

Es ist eine eigene Sache um ein Menschenherz. Frau Salome begräbt dieses Lieblingskind und das Leben geht doch weiter. Ihr Gesicht wird vielleicht etwas hagerer und die weiche Süßigkeit, die den jungen Domherrn so ergriff und fesselte, ist längst daraus verschwunden. Sie hält sich noch gerader, und die Lippen werden schmal, weil sie zu stolz sind, das Leid zu klagen. Die Augen haben sorgfältig die Wärme verbannt, denn diese gehörte Wolf. Die scheinbar gleichmütige Gelassenheit aber ist der beste Schutz, den sich ein verwundetes Herz zulegen kann; Frau Salome kämpft sich dahin durch, auf manchem gar seltsamem Weg.

Sie ist in ihrer Haltung oft den nächsten Verwandten ein Rätsel. Felizitas Weiß sagt es einmal zu ihrem Mann: „Vielleicht hat sie doch kein Herz? Wir haben es ihr als junges Mädchen immer abgestritten! Warum nur scheucht sie alle Freier von ihren Mädeln weg? Sie kann doch nicht mehr darauf rechnen, daß Wolf Dietrich kommt."

Frau Salome aber hofft mit verbissener Beharrlichkeit doch darauf. Sie ist, wie ihr Wolf Dietrich einmal scherzend sagte, am allerletzten Tag des Skorpions geboren, des Sternbilds, das die meisten Widersprüche in sich hat, weich und hart sein kann, leidenschaftlich liebt und ebenso haßt, hochmütig und zutunlich ist, opferbereit und bis zur Selbstvernichtung eigensinnig. Die Menschen unter jenem Zeichen sind undurchsichtig allemal. Selbst für die, die sie innig lieben. Sie sind nicht ergeben fromm; doch was dem Gläubigen die Kraft gibt, ein schweres Schicksal geduldig zu ertragen, gibt ihnen ein Hang zum abergläubischen Ausspähen nach geheimen Zusammenhängen zwischen dem Leben und unbekannten Gesetzen. Eine fatalistische Ergebung in Unvermeidliches, ohne deshalb ein oft sehr realistisches Handeln einzubüßen.

Irgendwie hat sich in Frau Salomes Kopf festgesetzt, daß Wolf Dietrichs Gefangenschaft mit dem Fortschreiten des Domes zusammenhängt. Sie weiß von Wolf, daß er in dem Prozeß, der gegen ihn geführt wurde, freimütig zugab, daß er sich mit Sterndeuterei befaßt hat und seinen Sturz schon ein Jahr früher voraussah, doch habe er es nicht ändern können.

Sie betreibt nun ihre eigene kleine Zukunftsdeuterei. Ihr ausgeprägtes Gerechtigkeitsgefühl läßt sich und den Liebsten schuldig sein zu schwerer Buße; darum trägt sie ohne Murren das auferlegte Schicksal. Doch erkennt sie es nicht als endgültig an und hofft, der böse Fluch löst sich noch einmal, wenn der Dom fertig ist. Darum ihr beharrlicher Widerstand gegen jede Veränderung in ihrer Familie. Wolf Dietrich soll genau dort fortsetzen können, wenigstens in seinem engsten Familienkreis, wo er 1611 herausgerissen wurde. Daher müssen die Töchter warten. Daß sie den Lieblingssohn des Erzbischofs in die kühle Erde betten muß, macht sie nicht weicher. Es ist ein Teil des Opfers, das das Schicksal von ihr verlangt, und vielleicht ist die Schuld nun früher beglichen.

Frau Salome kann wieder einmal nicht schlafen. Die bäurisch dicken Federbetten erdrücken sie fast, als sie stundenlang in die Finsternis ihrer Schlafkammer starrt. Sie hört dem Wind zu, der jäh das Tauwetter unterbricht, das 1617 so früh im Jänner dem Winter ein Ende machen wollte. Es bläst von Nordosten herunter, daß die Schindel auf allen Dächern klappern. Wie wird er erst um die Hohe Festung wehen?

Die kalten, dicken Mauern haben die Wässerlein, die der noch milde Tag von den Dächern schmelzen ließ, zu feindlichen Eissperren erstarren lassen; Wolf Dietrich wird wohl ebenso wach liegen wie sie und dem Heulen zuhören.

Wenn man sich lösen könnte aus dem hinderlichen Leib und mit dem brausenden Sturm hinfliegen zu ihm wie die Hexen, die sie dann verbrennen! Was machte es aus?

Frau Salome sieht schmerzhaft deutlich des Geliebten Augen, die wohl matt und von kleinen Falten umgeben sein werden wie die ihren auch. Aber die Sehnsucht muß noch in ihnen stehen, das fühlt sie genau. Und sie träumt sich zurück in die selige Zeit ihrer ersten Liebe, denkt an ihr Hoffen und Bangen, an die vielen, vielen frohen Stunden in Wolf Dietrichs Arm und an die bittern Zeiten, die ihr eine neidische Mitwelt schuf.

Warum mußte ihn das Domkapitel damals wählen, das ihn nun so grausam martert? Warum haßt ihn Markus Sittikus so? Warum gibt es immer wieder Judasse auf dieser Welt? Was hat Wolf Dietrich dem Postmeister Rottmeyer getan, der einfach die Kutsche anhielt, als die Bayern hinter ihm her waren, und seinen Herrn auslieferte? Wann wird diese Prüfung ein Ende nehmen?

Frau Salome muß doch geschlafen haben, denn es ist schon gegen Morgen, als sie jäh auffährt. Sie hat ganz deutlich ihren Namen rufen gehört, doch es bleibt alles still, als sie sich lauschend aus den Kissen hebt.

Sie schilt sich ob der Einbildung, die ihr diesen Streich spielt und versucht noch einmal, die halbversäumte Nacht im Morgenschlaf einzubringen. Doch kaum wollen sich die Gedanken verwirren, ruft es wieder: „Salome!"

Nun weiß sie, daß es Wolf ist. Und es sagt die Stimme wie aus weiter Ferne, aber ganz deutlich: „Bald bin ich frei!"

Frau Salome lacht und weint. Sie lacht, weil siegreich in ihr das Glück aufjubelt über das ‚Bald-bin-ich-frei', und dann weint sie hemmungslos, weil ihr Verstand die holde Täuschung nicht glauben kann.

Und doch ist der Tag, der dieser Nacht folgt, von seltsamer Unruhe voll. Es ist eine zitternde Erwartung in ihr, fast wie eine unterdrückte Fröhlichkeit. Die Kinder merken's und ihr Lachen wagt sich heute vor die Mutter. Die Mutter lacht mit und ist von einer betriebsamen Geschäftigkeit erfüllt, als müßte sie etwas vorbereiten. Sie streicht den jüngeren Kindern über die Köpfe und hat für die großen ein munteres Wort. Ihr Gang hat die Gemessenheit verloren, sie eilt treppauf und treppab, als erwarte sie lieben Besuch. Daß sie mehr als einmal im Tag zum Fenster tritt und unruhig hinausspäht, ist gegen ihren Willen; sie könnte es nicht in Worte kleiden, warum sie es tut. Aber es ist nicht nur das närrische Wetter daran schuld, das plötzlich wieder mit warmem, blankem Sonnenschein aufwartet und die Föhnfetzen durch die Bläue des Himmels ziehen läßt, als wären es lustige, zerschlissene, zarte Federn von unbekannten Riesenvögeln, die der Wind dahintreibt. Freilich, es steigt ihr auch plötzlich bang vom Herzen hoch, und sie weiß keinen Grund dafür als den unerwarteten Wechsel von der kühlen Nacht zu einem vorfrühlingsmäßigen Tag. Doch die Grundstimmung bleibt gut und ihre Umgebung freut sich dieser seltenen Anwandlung.

Der Tag vergeht, es hat sich nichts ereignet. Nur die Unruhe der Frau ist gewachsen; sie geht enttäuscht zu Bett und wüßte es doch nicht anzugeben, was sie sich erhoffte von den letzten vierundzwanzig Stunden.

Nun schläft sie tief und traumlos; aber morgens, um dieselbe Stunde wie am Vortag, weckt sie wieder der Ruf: „Salome!" Doch was sie sich auch müht, einen Zusammenhang zwischen einem äußerlichen Geschehen und ihrem Aufschrecken zu finden, es bleibt ihr unverständlich. Nur die blanke Angst ist da und eine tiefe Mutlosigkeit über ihr persönliches Unvermögen, sich über diese Stimmung klar zu werden.

Der fortschreitende Tag läßt ihr zwar nicht Zeit, nur ihren Gedanken nachzuhängen, aber auch er wird unfreundlich in plötzlich wieder eingebrochener winterlicher Kälte, die alle Taulachen zu spiegelglattem Eis erstarren läßt, den Welser Buben zur

Freude, sonst Mensch und Tier lästig und gefährlich.

Der große Marktplatz, überwältigt vom jähen Wechsel der Temperatur, ist ein einziger, gefrorener See; was den Kindern ein unvorhergesehenes Fest, ist den Erwachsenen genug Grund zu Übellaunigkeit und ärgerlichem Schelten.

Frau Salomes Herz ist schwer und verschlossen, als wäre es mit eingefroren. Wenn sie auch Everard nicht stört in seinem Vergnügen, mit den andern Buben um die Wette zu schlittern auf der willkommenen Eisbahn, so ist doch nichts mehr von der Aufgeschlossenheit in ihr, die sie den ganzen Vortag beherrschte, als sie sich träumte, daß Wolf Dietrich rief.

Sie ist ärgerlich auf sich selbst, weil sie durch Hirngespinste sich beeinflussen ließ, und grübelt nach, ob nicht die letzten Nachrichten aus Salzburg ihr irgendeinen Anhaltspunkt gegeben hätten, im Traum sich so eine wunderliche Prophezeiung auszuhecken. Der alte Alpdruck des unvollendeten Münsters ist wieder da; sie besinnt sich, daß Elsbeth, die Freundin aus Kindertagen, schrieb, daß der Dom, so Gott will, vielleicht noch dieses Jahr bis zum Dach gedeihen werde. Sie hätte es von dem italienischen Baumeister Solari persönlich, dem nun das Werk anvertraut. War diese kurze Nachricht, hingeworfen am Rande eines Schreibens, genug, um solche törichte Hoffnung in ihr zu wecken? Bitternis erfaßt ihr Herz, daß sie nicht klüger ist geworden in all den Jahren vergeblichen Wartens.

Auch dieser Tag vergeht und unerbittlich nimmt die Zeit ihren gleichgültigen, erbarmungslosen Lauf.

Frau Salome kann nichts dafür, daß, als sie sich zur Ruhe begibt, sie doch noch überlegt, ob sie ein drittes Mal am Morgen wird durch ihren Namen geweckt werden. Sie nennt sich kindisch und schläft desungeachtet ein mit dem Gefühl, daß es sich nun entscheiden muß; und täte doch als abergläubisch ab, wenn ein anderer dächte so wie sie jetzt.

Ein Roß wiehert in der Nacht. Der Tierlaut klingt gespenstisch in die völlige Stille der schlafenden Stadt. Dann fällt ein Klopfer schwer an die Haustür des Kaufmanns Christof Weiß.

Frau Salome ist jäh munter und lauscht angestrengt. Sie ist überzeugt, daß es sich nun entschieden hat. Hellhörig vermeint sie zu verstehen: „Hier wohnt doch Frau Salome von Altenau?"

Das drittemal ihr Name!

Aber es kommt niemand, sie zu holen. Sie hört Türen gehen, den Tritt schwerer Stiefel und das Geschlürfel eiliger Pantoffel über die Treppen, gedämpfte Stimmen, aber sie kann nichts mehr verstehen; es entfernen sich die Geräusche wieder.

Die Hufe des Pferdes klappern auf dem festgefrorenen Boden, als man es durch das große Tor in den Hof führt zu den Stallungen. Und wieder senkt sich der Schlaf über das Haus.

Der Frau aber ist jede Müdigkeit verflogen. Die Dunkelheit, die sie feindlich umstarrt, wird immer lastender. Sie muß zur Tür gehen und sie öffnen, als könnte sie damit eine Berührung mit dem anderen Leben im Hause herstellen, aber es ist vergebens. Niemand außer ihr scheint wach zu sein.

Sie überlegt, ob sie zu den Zimmern der Kinder hinübergehen soll. Eine unendliche Sehnsucht nach menschlicher Wärme ist plötzlich in ihr, nach dem unschuldigen, zufriedenen Schlaf der jungen Geschöpfe.

Sie gleitet lautlos zu der Kammertür der Buben. Sie kann die gleichmäßigen Atemzüge durch die hölzerne Trennungswand hören und weiß jeden zu deuten. Einer von ihnen schnarcht leise. Das ist Anton. Ein nachsichtiges Lächeln umspielt Frau Salomes Mund. Gewiß liegt er wieder auf dem Rücken. Auch Wolf tat das gelegentlich. Aber es stört ihn selber und gleich wird er sich herumwerfen. Und wirklich, in der Bubenkammer ächzt plötzlich ein Bettgestell, und das Schnarchen verstummt.

Frau Salome nickt zufrieden. So braucht sie nicht hineingehen, um den Schläfer sanft zu wenden, ehe die Brüder mit derbem Knuff eine Lageänderung erzwingen.

Wolfs Buben! Seine vielgeliebten Buben! Den

Traum von stolzen Reitertaten und verwegener Laufbahn in Feldlagern, heißen Kämpfen in fremden Ländern, den der Vater geträumt hat, werden die Jungen kaum nachleben. Frau Salome ist es auch zufrieden. Nein, ihr Bürgersblut weint dem nicht nach, daß man auf das Kriegshandwerk verzichten muß, wenn man des verfemten Erzbischofs Sohn ist, weil man sich nicht als einfacher Soldat durchschlagen kann und will, und doch nicht die Mittel hat, ein unbeschwertes Herrenleben zu führen.

Die Buben sind alle mehr den Büchern zugetan; sie ist froh darum. Zu viel Leid ist ihr schon erwachsen durch kriegerischen Männerstreit. „Freilich", denkt sie sofort ergeben, „wenn Wolf nun kommt und mit den Jungen etwas anderes vorhat, so ist es ihm überlassen". Aber sie fände das Leben in einer stillen Studierstube nicht für das Schlimmste, was einem das Schicksal zuteilen kann.

Nun geht sie weiter zu der Mädchenkammer. Auch dort die ruhigen, tiefen Atemzüge. Doch hier ist es ihr nicht genug, an der Tür zu lauschen. Sie muß in den warm atmenden Kreis eintreten, weil ihr die Einsamkeit sonst das Herz abpreßt. Auch fürchtet sie das Erstaunen der Mädchen weniger, wenn eines erwacht und die Mutter gewahr wird, die in den letzten Jahren so verschlossen und zärtlichkeitabweisend hat sein können.

Frau Salome huscht von einem Bett zum andern, und ihre Hände ziehen zart Decken über entblößte

Arme, zupfen ein Laken zurecht — ein unnützes, sehnsüchtiges Tun, nur um der geliebten Schar wieder einmal nahe zu sein und das eigene, frierende Herz zu wärmen an diesem zufriedenen Schlaf.

Sie wachsen heran, die Jungfräulein; die Schlafhemden lassen die sprießenden Formen mehr zur Geltung kommen als die starren Festtagskleider, in denen sie ihre Mädchen immer kritisch betrachtet, ehe sie miteinander zur Kirche gehen.

Nun regt sich die Älteste. Die Mutter verharrt bewegungslos, wie zur Salzsäule erstarrt. Das Mädchen streift die eben hinaufgezogene Decke wieder ab, die schon vollen jungen Arme liegen bloß, und nun murmelt sie etwas. Ein tiefer Seufzer hebt die junge Brust. Während die Mutter sich erstaunt wundert, was denn ihr Kind wohl Trauriges träume, wird das Murmeln deutlicher. Das Mädchen wirft den Kopf gequält in den Kissen hin und her, und der Lauschenden werden Wortbrocken verständlich. Ein Männername springt zärtlich auf, und kläglich endlich ein ganzer Satz: „Du wirst sehen, Mutter erlaubt es nicht!" Dann geht es in ein trostloses, hilfloses Schluchzen über.

Frau Salome zuckt schuldbewußt zusammen. Sie weiß wohl, wer ‚Veit' ist; und so ist es sie, die ihrem kleinen Mädchen Kummer macht. Sie hat die Kinder oft um ihre sorglose Jugendzeit beneidet, die vorbeispielt an ihren Nöten, und nun muß sie sehen, daß diese jungen Geschöpfe auch ihr Bündel zu schleppen haben.

‚Lieb ist Leides Anfang, über kurz oder lang!' hat Wolf Dietrich zu Hohenwerfen an die Wand gekritzelt in den ersten Tagen seiner Gefangenschaft; auch seine Tochter spürt schon die grausame Wahrheit dieses Satzes.

„Bald, mein Armes, bald sollst du ihn haben, deinen Veit!" denkt die Mutter mitleidig. Und beruhigend drückt sie einen Kuß hauchzart auf die Mädchenstirn.

Die Schläferin scheint es doch zu spüren, denn das Schluchzen versiegt und eine Hand streckt sich instinktsicher nach der Mutter aus, die sie faßt und sanft zurückbiegt auf die Decke, worauf die Atemzüge wieder gleichmäßig gehen.

Frau Salome verläßt das Zimmer.

„Bald ist Vater frei!" Die Frau denkt es so bestimmt, daß sie es fast halblaut sagt. Aber als sie die Tür leise ins Schloß zieht, wird ihr erst die Vermessenheit des Vertrauens in das Schicksal bewußt, als kröche mit der Kälte des Flurs zugleich auch wieder alle Hoffnungslosigkeit auf sie zu. Düster wie der Gang, den sie entlang gehen muß, so undurchsichtig dunkel ist die Zukunft.

Da strahlen sie plötzlich zwei kleine, phosphoreszierende Sterne an. Still und lautlos stehen diese Lichter in der Finsternis, körperlos, für sich allein scheinen sie zu leuchten, unverwandt ihr zugewendet.

Die Menschenfrau überkommt die Sehnsucht nach einem warmen, lebendigen Trost so stark, daß sie diese Tieraugen ansprechen muß und in weichen, tiefen Kehllauten die namenlose Katze lockt, die auf dem breiten Treppengeländer hockt. Die grünen, tiefklaren Sterne kommen herunter, ein weiches Fell streicht um die Füße der Einsamen. Das Tier läßt sich greifen und mit in die Schlafkammer nehmen und spendet den wunderlichen Trost, den eine lebende Kreatur der andern gewährt, nur durch ihr warmes, pulsierendes Leben und seine freundliche Zutunlichkeit.

Als am andern Morgen die Magd klopft und mit scheuen, unruhigen Vogelaugen die Gebieterin mustert und ihr bestellt, daß Herr Christof Weiß sie bitten lasse, zu ihnen hinunter in die gute Stube zu kommen, ist es eine vollständig ruhige, merkwürdig gefaßte, feierliche Frau, der sie die Botschaft ausrichtet, deren Tragweite sie schon ahnt.

Frau Salome geht hinunter in ihrem dunklen Gewand mit der steifen, weißen Halskrause, das sie zum täglichen Kirchgang anhat, ein strenges, unnahbares Bild, Ehrfurcht gebietend und Kühle ausstrahlend, daß die Magd unwillkürlich zurückweicht und weiteren Abstand läßt, damit sie die Kleider der Gebieterin nicht streife.

Als sie die Stube betritt, weiß es Salome sofort.

Christof Weiß kommt ihr mit teilnehmenden, ernsten Augen entgegen, und Felizitas ist ein Tränenstrom.

Wolf Dietrich ist tot.

Während es ihr die Verwandten möglichst schonend beibringen wollen, daß der Erzbischof nach zweitägigem, hartem Kampf mit dem Tod die Augen für immer schloß, sieht Frau Salome durch die guten Freunde hindurch, als wären sie gar nicht vorhanden und als berührte das Geschehene nicht sie.

Die blassen Lippen in dem schneeweißen Gesicht sagen nur wie erstaunt und weder für Christof noch für Felizitas verständlich und mit der Nachricht vereinbar: „Also so hat er das gemeint: ‚Bald bin ich frei!‘"

Felizitas läßt das Tuch von den Augen sinken und sieht den Gatten hilflos an, überrascht von der seltsamen, steinernen Ruhe der Witwe; sie weiß sich keinen bessern Rat, der Base ihr Mitgefühl zu beweisen, als ihr mit lautem Aufschluchzen um den Hals zu fallen.

Frau Salome wird zurückgeholt auf diese Welt und in die gute Stube des Welser Kaufmanns durch das tränennasse, heiße Gesicht der gutmütigen Verwandten, die ihr einen feuchten Kuß um den andern ins Gesicht drückt. In die ungeheuerliche, tödliche Leere, in die sie die Nachricht stieß, springt, ihr selbst unbegreiflich, aber ganz deutlich ausgeprägt, ein starker Widerwille gegen die aufgelöste, weinende Frau, die ihr mit unbeholfenen, nassen Fingern über das Haar streichen will und ihr die weiße, steife Halskrause mit ihren Umarmungen zerdrückt.

Frau Salome streift die Arme der Felizitas von sich ab, sanft, aber unmißverständlich, und ihre Stimme ist so ruhig, als erbitte sie eine nebensächliche Gefälligkeit: „Sagt Ihr es den Kindern, Vetter!"

Nickt ihnen beiden zu, fast mit der Spur eines freundlichen Lächelns, und ist aus der Stube draußen, so daß die Magd, die in unbezähmbarer, mitfühlender Neugier an der Tür stehen geblieben war, mit rotem Kopf zurückprallt. Doch Frau Salome sieht sie gar nicht. Als sie in ihr Zimmer geht, sind undurchdringliche, abschirmende Nebelwände um sie und nur Wolf Dietrich sagt: „Nun bin ich frei, Salome, nun bin ich frei!"

Daß diese unnatürliche Ruhe nicht das Zeichen eines kalten, gleichgültigen Herzens ist, wird den Verwandten bald klar. Obwohl Frau Felizitas es in der ersten, verletzten Regung fast annahm. Ein schweres Fieber wirft Salome aufs Krankenbett. Und während Markus Sittikus seinen Todfeind wie zum Hohn mit fürstlichen Ehren in der von Wolf Dietrich gebauten Grabkapelle im Sebastiansfriedhof beisetzen läßt, ringt die treue Gefährtin des erlösten Erzbischofs mit dem Tode.

In ihren qualvollen Fieberphantasien bäumt sie sich noch einmal gegen das unbarmherzige Schicksal auf; es fällt die abweisende Mauer, die sie zwischen sich und der Umwelt aufgerichtet hat. Die treusorgende Felizitas steht fast ehrfürchtig vor diesem rückhaltlosen Bekenntnis einer seltenen, unwandelbaren, großen Liebe.

Salome nimmt die Kaufmannsfrau Felizitas Weiß mit zu höfischem Spiel und Tanz in ihren schönsten Zeiten, zu prunkvoller Ausfahrt, in das von dem Erzbischof erbaute Jagdschloß Blühnbach, sie quält sich ab mit Wolf Dietrichs Sprunghaftigkeit, sie fleht, warnt und bittet in ihren Fieberdelirien und sagt heiße, zärtliche Worte, lacht glücklich und herzlich, wie sie nur je für den Geliebten gelacht hat. Sie flieht noch einmal aus Salzburg, macht alle Demütigungen der eigenen Gefangennahme mit und erlebt zugleich Wolf Dietrichs Flucht.

Frau Felizitas wird sich schaudernd bewußt, wie sehr diese stille, zurückhaltende Salome lieben und hassen kann; die leidenschaftliche Anklage des verräterischen Postmeisters Rottmeyer läßt der Pflegerin das kalte Grauen über den Rücken laufen.

„Ich möcht nicht in des Rottmeyers Haut sein und mit so einem Fluch auf dem Buckel herumrennen!" meint sie verstört zu ihrem Mann, als sie, ein Stündchen auszuspannen, in der eigenen Stube sitzt. (Rottmeyer wurde später wirklich von einem Soldaten erschlagen, den man nicht zur Verantwortung zog.)

„Die Salome ist doch so ganz anders als wir", sagt sie nachdenklich. „Es ist so viel Kraft und Herrentum in ihr, daß es einem grad unheimlich wird. Aber mich wundert's nun nicht mehr, daß der Erzbischof nimmer loskommen ist davon." Und ein bißchen sehnsüchtig fast fügt sie noch hinzu: „Hat viel Bitteres erlebt, die Salome, aber auch viel Wunderschönes, was unsereinem nie zukommt, und wenn man neunzig Jahr alt würd und immer bei vollen Schüsseln säß."

Ihr Mann stupst sie freundschaftlich in die Seite, als sie nun ganz versunken dasitzt und nachgrübelt über das müde Leben dort drüben in den hohen Federbetten, von dem sie noch nicht weiß, ob es noch eine Weile hier bleiben will oder stracks dem Geliebten nachläuft in eine Welt, von der niemand zurückkommt und wo vielleicht ihr irdisch Dasein getadelt wird, obwohl es die fromme Felizitas nicht glauben kann.

„He, du!" sagt der Christof Weiß in gutmütiger Eifersucht, „hätt der Erzbischof leicht dich nehmen sollen?"

Da sieht ihn seine Frau voll an und sagt ruhig: „Mich hätt er bald davongejagt, auch wenn ich so hübsch gewesen wäre wie die Salome. Mich hätt er bald ausgelernt gehabt. Laß gut sein, Vater, ich bin recht froh, daß du kein Erzbischof bist! Aber so ein wildes, unberechenbares, zärtliches Ding hinter der sanften stillen Hülle hat wohl gepaßt zu Wolf Dietrich und seiner Art. Die Langeweile war bei den beiden sicher nie zu Gast."

Sagt's und geht hinüber in das Krankenzimmer.

Herr Christof Weiß aber setzt sich verblüfft über seine Rechnungen und weiß sich keinen rechten Reim zu machen auf seiner besseren Ehehälfte Spintisiererei.

Felizitas kämpft die Salome der Krankheit getreulich ab. Sie hat es nicht leicht, denn es ist nicht viel Lebenswille in der Leidenden. Die möchte allzu gerne hinüberschlüpfen zu Wolf Dietrich. Frau Felizitas weiß das wohl. Aber ihre zähe Beharrlichkeit läßt die Base nicht entgleiten. Ihre Fürsorge ist schließlich doch von Erfolg gekrönt. Es wird zwar März und April, und Salome hat noch immer nicht die alte Spannkraft erreicht, auf die ihre Kinder so sehnsüchtig warten. Ihnen kann der so lange entfremdete Vater nicht so unersetzbarer Verlust sein wie der Mutter; sie würden trotz aller Trauer ihr eigenes Lebensschifflein gerne in den Hafen von Glück und Ehe lenken.

Die Freier wagen sich wieder heran, aber Frau Salome bringt nicht die Energie einer eigenen Entscheidung auf. „Mein Betrüben ist nit auszusprechen", schreibt sie an den Sekretär des Schwagers Hans Rudolf, und: „Wie schwer es mich ankumbt in meiner betriebten Zeit mit sollichen Sachen umbzugehen, das erkenn der liebe Gott, hat mich auch in dem großen Schrecken ein schwers Fürba (schweres Fieber) angestoßen, das ich noch nit gar los pin (bin)."

Nun, Hans Rudolf, der Bruder Wolfs, ist sehr dafür, daß die Töchter der Frau Salome gut verheiratet und wohl versorgt würden. Aber weniger einverstanden ist er, daß sie „ein rotes Driechl (Truhe) mit ihres gnettigsten Herren inligeten Handschriften, die sie alleweil bei ihr gehabt", an Markus Sittikus ausliefert, als er ihr nach dem Tode des Erzbischofs den Schlüssel dazu schickt und die Truhe von ihr abfordern läßt. Es tut dem Bruder sehr leid, daß nicht wenigstens die Abschriften davon bei der Familie geblieben sind.

Frau Salome ist es jedoch in dieser Zeit wirklich völlig gleichgültig, was mit ihr und um sie geschieht. Durch den Tod Wolf Dietrichs ist ihr jede Zielstrebigkeit und eigene Entschlußkraft genommen; sie läßt sich willenlos schieben und treiben, wohin die umsichtigen Verwandten, und wer sonst noch an sie herankommt, es wollen.

Es dauert sehr lange, bis ihre an und für sich gesunde und widerstandsfähige Natur diesen ärgsten Schock ihres Lebens überwindet. Die hausbackene Base Felizitas hilft ihr dazu in ihrer gutmütigen Weise, indem sie einmal sagt, als die andere wieder in schlaffer Mutlosigkeit vor sich hinbrütet: „Aus einem schweren Leben davonrennen ist feige. Hast dir auch in den schönen Stunden nicht den Tod gewünscht. Es muß alles im Leben bezahlt werden. Glaubst du, fast ein Vierteljahrhundert von so einem Glück, wie es dir beschieden war, bekommt man umsonst?"

Die blasse Frau horcht auf. Vielleicht ist das der Sinn, warum sie nicht sterben kann? Noch ist nicht abgezahlt, was sie und Wolf Dietrich dem Schicksal schulden. Irgend etwas strafft sich in ihr, und sie nimmt das Leben wieder auf sich, wie es eben kommt. Mit einer gewissen triumphierenden Gewißheit, daß alles Schwere, was ihr noch auferlegt wird, doch nicht heranreicht an das, was sie schon ertragen konnte und zeitlich begrenzt sein muß: denn über den Tod hinaus reicht kein Leid.

In Böhmen und in den deutschen Landen brodelt es.

Der Dreißigjährige Krieg will seine Ursach haben. Steht, damit das Kind einen Namen hat, Protestantismus gegen Katholizismus. Und man findet es gottwohlgefällig, sich wegen desselben Gottes gegenseitig die Schädel einzuschlagen.

Die meisten sagen Religion und meinen das Rauben und das Plündern, das einen reich machen kann und mächtig über Nacht. Freilich, man trägt seine Haut zum Markt, aber man hofft, daß doch immer der andere ins Gras beißt.

Es hat da einen hübschen Religionsfrieden gegeben schon um 1555, so einen von den wenig durchdachten Friedensschlüssen mit vagen Klauseln und Bestimmungen, die sich beide Parteien zu ihren Gunsten auslegen können und die den Keim des Unfriedens mit sich schleppten von Anbeginn.

Ein Frieden, der mit Toleranz prahlt, aber beileibe nicht duldsam ist nach allen Seiten, doch beleidigt tut und gleich die Zähne zeigt, wenn man ihm das ins Gesicht sagt.

Bis es dann 1618 wirklich so weit ist.

In Böhmen werfen die Vertreter der Protestanten die kaiserlichen Statthalter Martinitz und Slavata samt dem Sekretär Fabricius aus den Prager Schloßfenstern in den Burggraben, weil man ihnen trotz versprochener Gewissensfreiheit das Bauen eigener Kirchen untersagt und in die Landesregierung in überwiegender Mehrzahl Katholiken einsetzt.

Nun steht in ganz Deutschland Bruder gegen Bruder. Die protestantische Union gegen die katholische Liga. Das Kriegsglück wogt hin und her. Es mischen sich der Däne und der Schwede ein, der Franzose hofft auch sein Teil zu erraffen und der Spanier hilft dem katholischen Kaiser.

Deutschland aber versinkt in ein Meer von Blut und Tränen.

Es rauben die Söldner der Protestanten genau so wie die der Katholiken; im ersten Anlauf bedrohen die aufständischen Böhmen mit Hilfe der protestantischen Union sogar Wien.

„Die Voggenhuber haben verkauft und gehen nach Salzburg", sagt der Kaufmann Christof Weiß eines Tages nach dem Abendbrot, als das junge Volk in die Schlafkammern verschwunden ist oder noch ein wenig der Liebe nachläuft und er mit Felizitas und Salome allein sitzt. Seine Hand dreht nachdenklich an der hübschen Silberschale, in der das appetitliche Obst liegt, das in den eigenen Gärten reift. „Wär vielleicht doch gut, man schickt' ein paar Kisten mit Silberzeug und Linnen mit ihnen. Es ist ein ehrenhafter Mann und die Sach wär bei ihm gut aufgehoben. Kann man wissen, ob das Unheil über der Donau bleibt? Brandschatzen und treiben 's wüst nach dem jüngsten Vermelden. Und es kunnt sein, daß dann so ein bißchen Zeug in den Kisten unser ganzer Reichtum ist. Salzburg aber hält sich gut heraus aus dem Hexentanz, denn das hat Markus Sittikus auch verstanden, daß es nicht klug ist, sich auf Gedeih und

Verderben an eine der rivalisierenden Parteien zu hängen. Es mag für den bayrischen Max eine bittere Pille gewesen sein, daß er ihm genau so wenig wie Wolf Dietrich in die katholische Liga hineinging. Nun, da er tot ist, der Markus Sittikus, geht ihm der Paris Lodron erst nicht dazu, denn der hat's nicht einmal notwendig, den Bayern für den erzbischöflichen Stuhl dankbar zu sein."

„Ja", sagt Frau Salome, und in ihren Augen schwelt kalter Haß, „der Markus Sittikus hat vieles dem Wolf abgeschaut und hat mir wohl auch dazu das rot Driechel abfordern lassen, damit er meinen gnettigsten Herrn noch nach seinem Tod um seine Gedanken und Plän' bestiehlt. — Doch er hat's nicht lang ohne Angst haben dürfen, das Erzbistum." Ein grausames Lächeln umspielt die Lippen der Frau. „Und er hat dem Gevatter Tod weichen müssen. Mich aber freut's, daß er mußt weiter tun, was Wolf Dietrich begann, und nun der Paris Lodron auch. — Sie haben Wolf zu Tod gemartert auf der Festung." Die Stimme der Salome bekommt wieder die verlorene Heiserkeit, die Felizitas so fürchtet, weil es sie an die Fieberdelirien der Base erinnert. „Aber wer ist der Sieger? Ist nicht doch Wolf der Sieger, und sie treten alle nur seinen Fußstapfen nach?"

Die Kaufmannsfrau rückt unruhig auf ihrem Sitzplatz hin und her. Sie hat's nicht gern, wenn Salome im Vergangenen wühlt, und auch das Lauernde,

Verhaltene, nun fast Triumphierende, wie sie die Dinge ansieht, ist ihr unheimlich. „Ach, Salome, laß das Spintisieren! Wir wollen lieber beratschlagen, was wir jetzt am besten tun. Salzburg ist sicher, doch ob auch für prostestantisches Hab und Gut, das möcht ich bezweifeln. Wir selbst können doch nie mehr zurück."

„Daran hab ich auch nicht gedacht, Felizitas, doch kann's nicht schaden, wenn wir irgendwo noch einen Teil unserer Habe sicherstellen. Und da sich just Gelegenheit ergibt...", der Christof sagt es erwägend und sieht die Salome nicht an, zu sehr beschäftigt mit den eigenen Sorgen.

Da faßt die stille Frau plötzlich des Kaufmanns Hand: „Ich bin katholisch, und seit Wolf Dietrich tot ist, besteht kein Grund, daß sie mir die Heimkehr in die Vaterstadt verwehren. Glaubst du, Christof, könnt ich mit dem Voggenhuber reisen? Ich ginge gern zurück..." Die Augen der Frau glänzen sehnsüchtig, als sie leise hinzusetzt: „Ich möchte gerne wissen, wie weit der Dom ist, und einmal noch die alten Plätze sehen. Ich könnte auch ein Aug haben auf eure Sachen; vielleicht ist es besser, ich rett' den letzten Teil von meiner Kinder Erbe hinter Salzburgs Mauern."

Frau Salome weiß plötzlich viele Gründe; es nützt nichts, wenn die Verwandten Bedenken haben und Felizitas fast heftig ruft: „Was mußt du dir die alten Wunden wieder aufreißen, wer weiß, wie sie dir entgegenkommen? Sie haben dich wahrhaftig bös geschmäht und verleugnet, auch unsere nächsten Verwandten!"

Da sagt die Salome einfach: „Ich gehe nicht zu den Lebenden, Felizitas, ich gehe zu den Toten."

Und dawider ist wenig zu entgegnen.

Beim Linzer Tor ist Hochbetrieb. Sie haben die Stadtwachen verstärken müssen, denn aus dem Oberösterreichischen flüchtet sich so mancher, der sich's leisten kann, in das neutrale Salzburg.

Die schweren Plachenwagen mit den Zugochsen warten geduldig, während die Pferde an den Kutschen unruhig tänzeln im Geschrei der Knechte und Soldaten, die den Tordienst haben. Papier und Siegel werden geprüft, und manche Lanze sticht in die Wagen mit dem Heu für die Zugtiere, daß sich nicht ungebetene Gäste mit einschleichen in die überfüllte Stadt. Es wird gezählt, gestritten und geflucht, der Weg ins gelobte Land will verdient sein.

Kann sein, es prescht ein hoher Herr auf edlem Roß daher inmitten des Getümmels Einlaßheischender; die Stadtwachen drängen mit eingelegten Lanzen rücksichtslos Bauer und einfachen Bürger zurück, um Platz zu machen, wenn auch die schweren Wagen dann mit gebrochener Achse im Straßengraben hängenbleiben.

Die Frau in der schwarzen Witwentracht in dem Reisewagen, der mitten unter dem Voggenhuberischen Umsiedlungsgut steht, hat viel Zeit. Sie hat so lange Jahre Salzburg vermissen müssen, und es sollte auf ein paar Stunden nicht mehr ankommen.

Aber es ist schwer, vor dem äußeren Linzer Tor an der staubigen Landstraße warten zu müssen und das Wappen des Markus Sittikus, den springenden Steinbock, über dem Stadttor vor Augen zu haben. Und zu wissen, kaum ein paar hundert Schritt weiter liegt der Sebastiansfriedhof mit der Gabrielskapelle, und dort ruht der liebste Mensch, von eben diesem Markus Sittikus dahingebracht. Eine Viertelstunde weiter aber steht Altenau oder, wie es jetzt heißen soll, Mirabell.

„Eure Papiere!" Eine kräftige Jungmännerhand streckt sich in den Wagen hinein und nimmt die Blätter in Empfang, gleichgültig die Namen flüchtig überlesend.

Frau Salome lächelt bitter vor sich hin, als sie dem strammen Menschen nachblickt, der ihre Papiere nun zur Kontrolle zum Tor bringt, wo ein Schnauzbart bärbeißig die Reisenden beäugt auf Echtheit und Vertrauenswürdigkeit ihrer Scheine. Sie denkt unwillkürlich daran, wie oft sie auf derselben Straße aus- und einfuhr, und wie niemand ihre Papiere nachprüfte, sondern die Trabanten vor ihrem Wagen herflogen, den Weg freizumachen für die erste Dame des Landes. Auch wenn sie als junges Mädchen mit ihrem Vater durch ein Stadttor fuhr, wäre es niemand eingefallen, den allbekannten Stadtrat aufzuhalten.

Doch heute? Die ältliche Matrone ist kein Begriff mehr. Nicht einmal der Mühe wert, mehr hinzusehen. Und sie ist froh darum. Sie will das Wiedersehen mit der geliebten Stadt nicht unter neugierigen Augen feiern müssen, gleichgültig, ob es ihr gutgesinnte oder hämische sind. Es ist ganz recht, wenn das Jahrzehnt, das nun dazwischenliegt, seit sie diese Stadt im Morgengrauen verließ, die Erinnerungen an ihre Person völlig ausgelöscht hat.

Frau Salome lehnt sich zurück, ergeben, daß es noch eine Weile dauern wird, bis man die Frau von Altenau passieren läßt.

Da tritt der grauhaarige Torwächter aus seinem Verschlag. Der junge Mensch ist dabei, der die Papiere eingesammelt hat. Er gestikuliert heftig, weist gegen die Voggenhuberische Wagenkolonne. der graue Wachtmeister oder was er sonst ist, geht eilig geradenwegs auf Salomes Gefährt zu.

Was ein Mensch alles in Sekundenschnelle denken kann: Das Herz der Heimkehrenden will fast aussetzen. Es sind ihre Papiere in der Hand des Schnauzbarts. Will man ihr den Eintritt in die Stadt verwehren? Geht der Haß so weit bis über des Erzbischofs Tod hinaus? Soll sie umkehren müssen, knapp vor der letzten Ruhestätte des Geliebten? Ob sie bittet, ob sie fleht, daß man sie wenigstens die paar Schritte hineingehen läßt auf den Sebastiansfriedhof? Wenn man ihr den jungen Menschen zur Bewachung mitgibt? Kann der neue Erzbischof Paris Lodron so grausam sein, daß er ihr selbst das verwehrt?

Der Alte kommt mit vorgestrecktem Kinn und zusammengezogenen buschigen Brauen, wie ein Stoßgeier äugend, auf Frau Salome zu. Es sind noch andere Frauen im Wagen. Man sieht, wie sein Blick suchend über die Gesichter gleitet, und jetzt krallt er sich fest an dem weißen Antlitz unter der Witwenhaube, und nun verzieht sich dieses häßliche, von Wind und Wetter gegerbte Altmännergesicht zu etwas, was eine Grimasse sein kann oder ein Lächeln. Es geht ein Ruck durch die Gestalt des alten Soldaten, er steht stramm auf gegrätschten Beinen; und nun kollern ihm wahrhaftig zwei dicke Tränen aus den entzündeten Augen hinein in den stacheligen Bart, und eine Stimme sagt brüchig vor Rührung: „Ihr seid es, edle Frau, Ihr seid es wirklich! Kennt Ihr den alten Gottlieb nimmer? Hat doch der Junker Hannibal als erster bei mir reiten gelernt und dann die Jüngferlein und all die jungen Herren! Ach, gnettige Frau, wer hätte das gemeint!" Die Bartstoppeln pressen sich in Frau Salomes Hand, die sie in freudigem Erkennen dem treuen Alten hingestreckt hat. Das Salzwasser fließt auf allen Wegen reichlich und schmilzt den Eisenpanzer weg, den sich Frau Salome ums Herz gelegt hat, bis daß sie unter Tränen lächeln kann.

„Mein guter Alter, so hast du wenigstens wieder Stellung und Brot. Was hab ich mir oft für Kummer gemacht um euch alle, die ihr uns treu gedient!"

Eifrig nickt der Haudegen: „Oh, Paris Lodron nimmt die alten Diener alle wieder auf, nur Markus Sittikus hat uns nicht über den Weg getraut."

So geschieht es, daß Frau Salome von Altenau wie einst auf freigemachter Straße in die Stadt einzieht und die Voggenhuberischen verdutzt sich anschließen dürfen ohne weiteren Aufenthalt.

Frau Salome streift durch die Stadt. Sie steht vor dem Dom, der wohl schon unter Dach ist, aber noch lange nicht fertig. Der drohende Krieg läßt auch Paris Lodron die meisten Hände wieder woanders notwendig brauchen. Überall werden die Befestigungen erneuert und verstärkt. Der Imberg, den Wolf Dietrich so hübsch den Kapuzinern hergerichtet hat, ist mit einbezogen worden in die Wehranlagen der Stadt, und ein Wachttürmchen nach dem andern läßt die Mauern leichter verteidigen.

Sie sieht hinüber vom Nonnberg, wo sie das Grab der kleinen Maria Salome besucht und die junge Pförtnerin sie nicht mehr kennt. Sie steht vor dem Schnitzaltar aus der Werkstatt des Veit Stoß, den Wolf Dietrich aus dem Münster den frommen Frauen schenkte.

In süßer, inniger Einfalt lächelt die Gottesmutter aus dem Altar heraus; es ist, als nicke sie der Salome schwesterlich zu: „Wir tragen die Freude und das Leid in unserm Schoß. Ist er nicht hübsch, mein kleiner Sohn? Siehst du die runden Ärmchen, die rosigen kleinen Zehen, die Fältelchen um das Hälschen? Es ist so ein Glück, dieses Kind empfangen zu haben — aber es wird mir genommen, unerbittlich wie jedes große Glück. Darum halt stille, Schwester, halt stille, wenn es sehr schmerzt, denn nur das große Glück schmerzt, wenn es geht! Wem nie etwas bitter weh tut, den hat auch nie etwas ganz erfreut, drum sei's zufrieden..."

Der Lichtstrahl, der über der Gottesmutter Gesicht spielt, wandert weiter. Nun ist sie wieder stumm, und die Kühle des Holzes hat kein Leben mehr. Aber Salome tritt seltsam getröstet ins Freie.

Sie sieht hinüber zum Gebirge, wo der Untersberg sich dehnt und der Hohe Göll, schaut hinein gegen Hallein und kann den hellen Fleck über der Stadt am Dürrnberg erkennen, der die Wallfahrtskirche ist, die Wolf erbaut hat, und von der sie vermelden, daß man sie die gläserne Kirchen heiße, weil die Marmorsteine so scheinen und hell sind, daß man sich darin besehen kann.

Ihr Blick streift den Hellbrunner Berg, wo Markus Sittikus sein Lustschloß baute und seine

Feste feierte mit der Frau seines Hauptmanns Mabon und deren Schwester. Ein kleines, verächtliches, mitleidiges Lächeln spielt um ihren Mund: Er hat sich doch geschämt, seine zwielichternen Freuden in ihrem saubern Altenau zu suchen, der arme Tropf. Vielleicht hat er es Mirabell genannt, weil es das für ihn ewig Unerreichbare, Wunderbare einer reinen, klaren Liebe enthielt. Er setzt mit dem hübschen Namen doch nur dem Schöpfer ein neues Denkmal, wenn er ihm auch die steinerne Tafel entfernen ließ, die verkündete, daß dieses Schloß ‚erbaut durch der Gottheit Gewährung ein Fürst aus Raitenaus Stamme, hier am rauschenden Strom alpengeborener Salzach'.

Frau Salome sieht nun vom Kloster stadtwärts. Ihre Augen suchen die vertrauten Gassen ab, und sie überschlägt im Geist, wie viele ihr wohlbekannte Bürgerhäuser er niederreißen ließ, um Gassen zu erweitern und Plätze zu gewinnen. Es ist eine stattliche Reihe und es reicht ein halbes Hundert nicht. Aber rund um den neuen Dom ist die Weite, wie sie sie auf den Plänen von italienischen Städten gesehen hat. Und die neuen Herren haben es nicht wieder verbaut und erkennen indirekt die Zweckmäßigkeit und die Schönheit des vom verfemten Vorgänger angestrebten Stadtbildes an.

Wieder beschleicht die Witwe Wolf Dietrichs ein leichtes Triumphgefühl. Es ist schön, auch noch jetzt die Macht dieses Mannes zu fühlen und zu sehen, wie er der Stadt den Stempel seiner eigenwilligen Persönlichkeit aufdrückt.

So ist Wolf gar nicht tot; es ist, als stände er wie einst neben ihr: „Habe ich es nicht schön gemacht? Oder sagen wir es bescheidener, manches nur geplant, aber doch schön!" Sie lächelt dem gestaltlosen Wesen, das ihres Lebens Inhalt war und ist, innig zu und geht ohne Zagen hinauf auf die Hohe Festung, die kein fanatischer Burgkommandant mehr bewacht, denn auch Oberst Leonhard Ergott ist schon hinübergegangen in das Reich der Schatten. Frau Salome kann bald für ein gutes Wort zu den Fenstern neben dem großen Saal hinaufsehen, wo ihres Liebsten Gefängnis war für fünf lange Jahre. Es ist eigentlich wunderlich, daß sie nun so nahe an der Stelle, wo die Tragödie ihres begabten und doch für einen dauernden Erfolg zu ungebärdigen und unbeherrschten Gatten ihren Abschluß fand, nicht mehr aufgewühlt ist. Aber es ist eine Gelassenheit in ihr, als wäre der Erzbischof gar nicht begraben, sondern sie machten miteinander den Rundgang. Nicht mehr das hemmungslose, besessene Liebespaar von einst, sondern im stillen, guten Einverständnis. Der Mann nicht aufbrausend und herrschsüchtig, auch in seiner Liebe, sondern jedem Gedanken der Gefährtin anschmiegsam, wie in zarter Rücksichtnahme im Hintergrund stehend und doch fühlbar ihr mit jeder Faser des Herzens.

Sie gehen miteinander den Festungsberg hinunter, am neuen Dom vorbei, und werfen einen Blick hinauf zu ihren alten Zimmern.

„Weißt du noch?" fragt das Schemen behutsam, „unser Schrank und seine geheime Tür?"

„Ja!" nickt die Frau ihm zu, „und wie ich gewartet habe, wenn du dich einmal verspätet hast!"

„Ich bin immer gekommen, wenn ich kommen konnte", versichert der Schatten.

„Ich weiß, Liebster, jetzt weiß ich es — aber das hat mich nicht gehindert, doch daran zu zweifeln und mir bittere Gedanken zu machen und immer wieder zu fürchten, daß deine Liebe eher sterben könnte als die meine!"

„Davon wußte ich nichts, kleines Mädchen, davon wußte ich wirklich nichts!"

„Das glaub ich gern, Liebster, denn im Leben ist man nie so ehrlich und nie so behutsam miteinander. Aber nun, da wir beide tot sind..."

„Du lebst noch, Salome, du lebst noch!" Das Wesen sagt es erstaunt.

„Lebe ich, Wolf? Ach, Liebster, dann lebst du auch und darum bin ich so glücklich!"

„Niemand ist tot, solange ein Mensch freundlich an ihn denkt. Aber es gibt so viele, die schon lange gestorben sind, ehe sie begraben werden", haucht es zurück.

Die spärlichen Kirchenbesucher sehen erstaunt zu der einsamen dunklen Frauengestalt hin, die mit leise sich bewegenden Lippen und seligem Lächeln die Franziskanerkirche durchschreitet, aus dem dunklen Schiff in die Helle des Kapellenkranzes tritt und hinaufdeutet zu dem Oratorium, das wie ein fröhliches Haus in der gotischen Kirche steht: „Warst du nicht immer eigensinnig, Wolf? Sieh es dir nur einmal an, was du den Salzburgern zugemutet hast. Diese kecke Palastfassade in der ehrwürdigen Kirche!"

„Ist es nicht dennoch hübsch, Salome? Ein sehr irdisch Haus im Haus des Herrn, das will ich zugeben, aber warum kann Göttliches nicht ganz dicht neben dem Menschlichen stehen? Der Herr hat es selbst so geschaffen in seinem Ebenbilde. Er legt den Menschen viel bange schöpferische Sehnsucht nach Ewigkeitswerten ins Herz, und doch auch so viel Hunger nach fröhlichem, vergänglichem irdischem Genuß. Das wissen wir doch beide, Salome, nicht wahr?"

Salome lauscht den sonderbaren Worten und wundert sich, daß sie nun den Geliebten so restlos versteht, wo doch in den Jahren der irdischen Gemeinschaft ihr so oft das Herz schwer war bei mancher seiner Handlungen. Aber wie verweht ist alles Trennende und jeder Zweifel. Und dieser Wolf ist ein weiser, geläuterter, über allem stehender Freund, in dessen Schutz man noch sicherer ist als unter dem gewalttätigen lebenden Erzbischof; er ist nun für sie da allezeit.

Frau Salome hat den lebenden Wolf an tausend unsichtbaren Fäden immer wieder an sich gezogen, ein ganzes Vierteljahrhundert lang. Aber er war daneben Erzbischof, Kriegsherr, Staatsmann, und seine Liebe war ihm nicht so ausfüllend wie der Frau. Nun aber gehört er Salome restlos. Sie braucht nur seiner zu gedenken — und wann tut sie es nicht? — und er ist bei ihr.

So kann sie auch ungerührt in der Gabrielskapelle stehen, die seine sterbliche Hülle birgt. Sie sieht aufmerksam das prunkvolle Mausoleum an, das sein phantasievoller Kopf mit Hilfe des jungen, früh verstorbenen Italieners Castello sich zauberte aus Keramik und Stuck. Dieser Rundbau ist keine düstere Totenkapelle. Die Wände sind mit weißen, gelben, grünen und blauen Tonplättchen schachbrettartig verkleidet, und die Kuppel ist mit roten und blauen Fliesen ausgelegt. Vier große Nischen bergen die Kolossalstatuen der vier Evangelisten. Die frommen Männer scheinen aus reichgeschmückten Torbögen in den Raum hereinzutreten, Torbögen, die gehalten werden von je zwei leichtgeschürzten weiblichen Karyatiden, deren Füße in zopfartig geflochtene Fischschwänze auslaufen. Eine recht irdisch-heidnische Darstellung, will es der Salome scheinen.

Die zwei Bronzetafeln, die des toten Erzbischofs letzte Verfügungen enthalten, kennt sie längst. Sie wurden schon 1605 und 1607 gegossen, aber sie liest sie heute mit gespannter Aufmerksamkeit, denn sie weiß, auch der lebende Wolf wollte es so, wenn er ihr ein neues Bauwerk zum erstenmal zeigte. Und dieser Bau ist doch sozusagen erst fertig geworden, als er an jenem Jännertag 1617 seine Bestimmung erfüllte und den toten Erzbischof aufnahm. Frau Salome liest gewissenhaft die Anordnungen, die noch der alte herrische Wolf Dietrich gab: Wie es mit den beiden Kapellenpriestern zu halten sei, auf der einen Tafel, und dann auf der andern seine Weisungen über sein Leichenbegängnis, die Markus Sittikus nicht einhielt, obwohl es seinem tödlichen Haß entgegengekommen wäre. Wolf wollte, daß seine letzten Diener und sechs Franziskaner ihn zu nächtlicher Stunde ohne Prunk zu Grabe geleiten und — Frau Salome sieht plötzlich beschämt an sich hinab — niemand seinetwegen Trauerkleider anlege.

„Das tut mir leid, Wolf!" entschuldigt sich die Frau, „ich hätte es wissen müssen, daß du das Dunkle, Traurige nicht liebst." Und nimmt sich vor, die Witwenkleidung abzulegen.

Sie hat gewissenhaft alles gesehen, aber nun sagt sie zu ihrem unsichtbaren Begleiter: „Es ist sehr schön, Wolf, aber nun gehen wir!" Sie sagt wahrhaftig: „Nun gehen wir!" und ist fest davon überzeugt, daß sie damit recht hat. Als sie die Tür des Grabdenkmals hinter sich schließt, geht Wolf wieder an ihrer Seite; was unter jenen Steinplatten zurückbleibt, ist unbedeutend Vergängliches und nicht mehr schmerzend.

So hat Salome Wolf Dietrich wieder gewonnen mit ihrem Besuch in Salzburg. Und sie könnte wieder heimfahren. Heimfahren? Ist denn nicht Salzburg die Heimat?

Nun, sie hat es sich so gewünscht, hierher zurückzukommen. Sie bliebe vielleicht auch, wenn sie nur bei der Stadt und bei den Toten sein dürfte. Doch die Lebenden greifen zu sehr nach ihr.

Die Neugierde, die Anteilnahme, aber auch hämische Schadenfreude und alte Gehässigkeit drängen sich heran. Es macht langsam aber sicher die Runde in der Stadt, daß die einst so schöne Salome, die mit einem Erzbischof fünfundzwanzig Jahre wie seine Ehefrau gelebt hat, wieder in Salzburg ist.

Es gibt gute, warme Stunden, verschönt durch alte, ergebene Dienertreue, die von weither kommt, um der geliebten Herrin noch einmal die Hand zu küssen. Es drücken sich Verwandte verlegen zur Tür herein, die mit den Feinden gemeinsame Sache machten; ob aus Eigennutz oder nur aus Feigheit, ist oft nicht auseinanderzuhalten. Die wollen ihr schlechtes Gewissen nun los sein durch schmeichlerische Freundlichkeit. Es versichern sie manche ihrer unverbrüchlichen Freundschaft, deren sie sich kaum entsinnen kann; es warnt sie jemand ihr völlig unbekannter, daß irgendeiner hetzt, weil etwa dessen Vater von Wolf Dietrich in die Buß genommen worden war, für Vergehn, deren Schwere sie weder abzuschätzen weiß, noch jemals Einfluß auf ihre Ahndung hatte.

Sie muß mit Leuten zusammenkommen, die ihr völlig gleichgültig geworden sind, nur weil sie auf alte Kinderfreundschaften pochen und ihre bloße Anwesenheit in Salzburg ihnen ein Recht zu geben scheint auf die einsame Frau.

Der Klatsch erfaßt sie noch einmal wie in ihren jungen Tagen; doch nun kann keine harte Hand des Geliebten ihr die Menschen vom Leibe halten. Sie schleichen sich heran und verleumden sich gegenseitig, nur um sich ins bessere Licht zu setzen, ahnungslos, daß Frau Salome längst mit dem Vergangenen abgeschlossen hat.

Es ist ihr völlig gleichgültig, daß etwa ihre Verwandte, Magdalena von Haunsperg, die Tochter Ludwig Alts, des jüngeren, an Maximilian von Bayern schrieb, daß sich Wolf Dietrich mit Salome Alt ‚durch seinen ersten dazumalen noch gehabten Caplan, den man Herr Hans genennt und ein junger frecher Priester gewest, seither aber verstorben, anhaimbs im Zimmer einsegnen hat lassen...'

Aber die andern erregen sich darüber und finden es unbegreiflich und ärgerlich, daß Frau Salome so wenig sie belohnt mit Klageliedern und Empörung oder wenigstens näheren Einzelheiten aus ihrem Leben.

Ehe sie sich's versieht, wird die Stimmung wieder bösartiger; man verübelt es ihr, daß sie nicht gebrochen und hilflos erscheint. Und jäh deutet man herum, daß ihr Kommen mit geheimen Absichten zusammenhängen muß, etwa mit verborgenen Schätzen, die sie nun holen will.

Als Frau Salome wirklich wieder nach Wels zurückkehrt, weil inzwischen die Kriegsgefahr für die Stadt beseitigt scheint, und sie sich nach den einzig erprobten treuen Freunden sehnt und ihren Kindern näher sein will, die zum Teil verheiratet sind, zum Teil vor der Hochzeit stehen oder die geistliche Laufbahn einschlagen wollen und studieren, aber in Salzburg selbst keine Aussichten haben — als also Frau von Altenau Salzburg verlassen will, nimmt man ihr das Gepäck in Beschlag.

Sie muß sich an Kaiser Ferdinand II. wenden, daß man ihr ihre in sieben Kisten und zwei Fässern verpackten Fahrnisse wieder herausgibt; der Kaiser läßt deshalb wirklich an Erzbischof Paris Lodron ein Empfehlungsschreiben ergehen.

„Das hast du notwendig gehabt!" sagen die Weiß, als Frau von Altenau endlich ihre Angelegenheiten geordnet hat und wieder in der Welser Wohnstube bei ihnen sitzt.

„Vielleicht!" sagt die Witwe mit ihrem seltsamen

Lächeln, das schon die junge Felizitas in Ärger versetzen konnte, weil es so undurchsichtig war und man nie wußte, ob ihr die Antwort, die sie damit gab, ernst war oder sie den verspottete, der sie angesprochen hatte.

Die Base zieht auch etwas ärgerlich die Stirne kraus, aber da wird das Lächeln auf dem noch immer schönen, doch durch die Zeit und durch das Erleben mit den feinen Linien des Verwelkens schon deutlich gezeichneten Gesichte warm und herzlich; die Augen blicken so gewinnend, daß Felizitas wieder ganz im Banne der von ihr immer heimlich bewunderten Verwandten steht: „Du darfst es mir glauben, Felizitas, es war wirklich notwendig, daß ich in Salzburg war; trotz alledem! Siehst du, ich hätte mein Leben lang immer davon geträumt und ich wäre nie ganz hier gewesen. Nun hat sich alles von selbst gelöst und ich habe mir mitgebracht, was ich für den Rest meiner Tage brauche an Erinnerungen und Erkenntnissen..."
Die Stimme der Salome ist leise geworden; die Augen blicken plötzlich unpersönlich und fremd, als sähe sie durch ihre nächste Umgebung hindurch und der Vorhang zwischen ihr und den Freunden ist wieder gefallen.

„Nun ja", seufzt die Base betrübt, „wer kennt sich bei dir schon aus? Aber Hauptsache ist, du bist wieder hier!"

Salome lächelt ihr dankbar zu für diesen Satz,

und nun kommt ihre große Überraschung: sie wird das Hoffmannsche Freihaus kaufen (jetzt Stadtplatz 24), und da werden es die Verwandten wohl einsehen, daß es ihr ernst ist mit dem Dableiben für immer.

Das Haus am Platz, das nun Frau Salomes Heimstatt wird, ist kein Schloß Altenau und auch kein winkeliges Patrizierhaus der Salzburger Altstadt. Es liegt behäbig in der Sonne und hat Raum genug für die Frau und die Familie, die von Jahr zu Jahr kleiner wird. Einige Töchter heiraten in oberösterreichische Beamtenfamilien und die Söhne werden alle flügge. Wolf Dietrich studiert auf der Universität Ingolstadt, Anton tritt 1622 bei den Benediktinern in Admont ein und bekleidet dort dreißig Jahre lang verschiedene Hausämter. Everard, das jüngste der Raitenauer Kinder, geht unter dem Namen Ägyd ins Stift Kremsmünster und kann dort seinen ererbten Neigungen, seiner Vorliebe für Architektur, Astronomie und Mathematik nachgehen, wie die noch von ihm vorhandenen Schriften und Instrumente beweisen. Er fühlt sich dem Vater sichtlich am nächsten, denn er nennt sich ‚von Raitenau‘ und führt als Wappen die Kugel.

Nur ein Sohn heiratet, Viktor. Aber kein Nachkomme wird ihm beschert.

So wird es immer stiller um Frau Salome. Die

Reihe der geliebten Schatten wird immer größer. Die fröhliche Eusebia muß unter den kühlen Rasen und auch so manches andere Kind Wolf Dietrichs stirbt sehr jung an Jahren.

Die Mutter aber wartet geduldig ihre Zeit ab. Sie sieht die Sommer und Winter gehen über die Welser Heide. Es brennt die reifende Sonne und es fegt der beißende Ostwind ungehindert Regen und Schnee über das offene Land.

Es kommen gute und böse Nachrichten nach Wels. Die Brüder Wolf Dietrichs kämpfen noch immer um die Pension, die man Wolf Dietrich zwar zugesprochen hat, aber nicht ausbezahlte. Weib und Kinder haben ja keinen Rechtstitel, um für sich etwas durchzusetzen. Endlich kommt es zu einem gütlichen Vergleich und Paris Lodron zahlt noch vierzigtausend Gulden.

1628 ist der Salzburger Dom fertig. Die Einweihung geht mit allem erdenklichen Prunk vor sich. Die Stadt ist acht Tage lang in einem Festtaumel. Von nah und fern kommen hohe fremde Gäste: Kurfürst Ferdinand von Köln, Kurfürst Maximilian von Bayern, Erzherzog Leopold von Österreich-Tirol und wie sie alle heißen.

Es ist eine Überfüllung der kleinen Stadt Salzburg und niemand denkt daran, daß in andern Teilen deutschen Landes die Kriegsfurie unerbittlich wütet.

Das Spektakel erreicht seinen Höhepunkt mit

dem Feuerwerk, wo man auf der Festung den heiligen Rupertus sieht, umgeben von Lichtern und Strahlen, aufrecht stehend wie unter einem Triumphbogen, in dem Augenblick, da er sie vor jedem Unglück und feindlichen Angriff verteidigen will.

Es fließen Wein und Freibier wieder einmal in Strömen für die ganze Stadt, jeder kann trinken und sich wegholen, was er nur will.

Die alte Frau von Altenau lächelt verloren, als man ihr davon erzählt. Sie kennt die Feste, die ein Erzbischof auf der Höhe seiner Macht zu feiern versteht.

Also, der Dom ist fertig! Als sie wieder mit ihren geliebten Schatten allein ist, spricht sie davon weiter: „Nun haben die Salzburger ihren Dom wieder, Wolf, die alte Rechnung ist beglichen. Wie lange aber muß ich noch hier warten? Ich dachte, bis der Dom fertig ist, ist es genug."

„Nur eine kleine Weile!" tröstet der Schatten. „Nur mehr eine kleine Weile!"

„Eure kleine Weile ist gemessen an der Ewigkeit", seufzt die Frau ergeben, um plötzlich dawider zu handeln wie das rechengewandte Kaufmannskind von ehedem, „oder meinst du, für jedes Jahr des Glücks eines zur Sühne?"

Hat es „vielleicht" gehaucht? Der Schatten antwortet nicht mehr.

Im Jahre 1633 stirbt Frau Salome von Altenau,

und es sind wirklich fast so viele Jahre des Alleinseins geworden wie die des Glücks.

Ihr Grabstein zu Wels ist längst verschwunden, ihr Geschlecht ist ausgestorben. Aber vergessen ist sie nicht. Denn, wer Wolf Dietrich nennt, und das tut jeder, der Salzburg kennt, gedenkt auch seiner großen Liebe. Und kein Makel liegt mehr über diesem Paar, nur leise Trauer, daß vergänglich ist alles Schöne auf dieser Welt.

LITERATURHINWEIS

Erben, Wilhelm: Zur Beurteilung des Salzburger Erzbischofs Wolf Dietrich. – In: Mitteilungen der Gesellschaft für Salzburger Landeskunde 42 (1902).

Frisch, Ernst von: Wolf Dietrich von Salzburg im Lichte seiner Kunstsammlung. – In: Der Bindenschild 5, Wien 1947.

Keplinger, Wilfried: Die religiösen und politischen Schriften Wolf Dietrichs. Diss., Innsbruck 1947 (ungedruckt).

Derselbe: Erzbischof Wolf Dietrichs biblische Kriegsordnung. – In: Mitteilungen der Gesellschaft für Salzburger Landeskunde 93 (1953).

Derselbe: Eine unveröffentlichte Chronik über die Regierung Erzbischof Wolf Dietrichs. – In: Mitteilungen der Gesellschaft für Salzburger Landeskunde 95 (1955).

Martin, Franz: Wolf Dietrich von Raitenau, Erzbischof von Salzburg. Neuauflage, Salzburg 1987.

Derselbe: Salzburgs Fürsten in der Barockzeit. 4. Aufl., Salzburg 1982.

Derselbe: Beiträge zur Geschichte Erzbischof Wolf Dietrichs von Raitenau. – In: Mitteilungen der Gesellschaft für Salzburger Landeskunde 51 (1911).

Derselbe: Erzbischof Wolf Dietrichs letzte Lebensjahre 1612 bis 1617. – In: Mitteilungen der Gesellschaft für Salzburger Landeskunde 50 (1910).

Derselbe: Zur Geschichte Erzbischof Wolf Dietrichs. – In: Mitteilungen der Gesellschaft für Salzburger Landeskunde 61 (1921).

Derselbe: Erzbischof Wolf Dietrich und sein Mausoleum. – In: Österr. Kunstbücher 39/40, Wien 1949.

Derselbe: Erzbischof Wolf Dietrich und die Goldschmiedekunst. – In: Salzburger Museumsblätter 8 (1929), Nr. 5/6.

Mayr, Josef Karl: Die Türkenpolitik Erzbischof Wolf Dietrichs von Salzburg. – In: Mitteilungen der Gesellschaft für Salzburger Landeskunde 52, 53 (1912, 1913).

Derselbe: Aus Wolf Dietrichs letzten Regierungsjahren. Das Passauer Kriegsvolk. – In: Mitteilungen der Gesellschaft für Salzburger Landeskunde 68 (1928).

Mayr-Deisinger, Karl: Wolf Dietrich von Raitenau, Erzbischof von Salzburg 1587–1612. München 1886. (Mit einseitig bayerischem Standpunkt.)

Stahl, Eva: Wolf Dietrich von Salzburg, Weltmann auf dem Bischofsthron. 2. Aufl., Wien/München 1986.

Stainhauser, Johann: Das Leben, Regierung und Wandel Erzbischof Wolf Dietrichs von Raitenau. Hrsg. von Willibald Hauthaler. – In: Mitteilungen der Gesellschaft für Salzburger Landeskunde 13 (1873).

Widmann, Hans: Geschichte Salzburgs. 3. Band. Gotha 1914.

— Wir haben ausgeliefert —

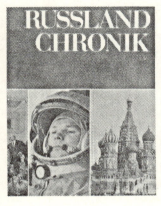

Otto Böss

RUSSLAND CHRONIK

ISBN: 3-7023-0187-9

Im Format 17 x 22,5 cm, Umfang 400 Seiten, mit 200 Schwarzweiß-Abbildungen, Einband Efalin.
Ladenpreis: DM 39,80

Diese Chronik vermittelt anhand von ausgewählten Texten aus diversen russischen Chroniken sowie zahlreichen Urkunden, Verordnungen, Augenzeugenberichten, Mitteilungen, Gesprächen, Reportagen usw. einen Einblick besonderer Art in die wechselhafte Geschichte Rußlands bis in die Gegenwart.

BERGLAND
Handels- und Verlagsges.m.b.H.
A-5020 Salzburg, Innsbrucker Bundesstr. 46, Tel. 0662/39 8 95-96
Verlagsauslieferung: VVA, Gütersloh

Die Tieck-Bücher

DER
TIEFERE
SINN

Eine schöngeistige Sammlung

Die Tieck-Bücher

Die Reihe repräsentativer Geschenkbände mit unvergänglichem
Gedankengut abendländischer und fernöstlicher Weisheit

Jeder Band 104 Seiten mit 4 Farbbildern   Format 11,5 × 19,5 cm   laminierter Pappband   DM 9,80

DER TIEFERE SINN
Anekdoten und Weisheiten, sprühender Geist und Witz   ISBN 3-7023-0066-X

ZÜNDET MAN KERZEN AN, SO ERHÄLT MAN LICHT
Weisheiten der alten Chinesen   ISBN 3-7023-0085-6

REICHTUM DES DASEINS   ISBN 3-7023-0165-8

TROST BEI GOETHE   ISBN 3-7023-0164-X

TROST AUS DER BIBEL   ISBN 3-7023-0174-7

WEISHEIT DER ALTEN GRIECHEN   ISBN 3-7023-0175-5

ALTRUSSISCHE LEBENSWEISHEITEN   ISBN 3-7023-0176-3

BERGLAND
Handels- und Verlagsges.m.b.H.
A-5020 Salzburg, Innsbrucker Bundesstr. 46, Tel. 0662/398 95-96
Verlagsauslieferung: VVA, Gütersloh

— Wir haben ausgeliefert —

PAUL KÜHN

DIE
FRAUEN
UM
GOETHE

ISBN: 3-7023-0189-5

Im Format 13,8 × 21 cm, Umfang 546 Seiten,
mit 16 Schwarz-Weiß-Abbildungen, Einband Efalin.
Ladenpreis: DM 29,80

Die Frauen um Goethe, das bedeutet: die inspirierende Macht des großen Dichters und Denkers. Wir sehen die harmonische Erscheinung Goethes von einem Kreis schöner, gebildeter und geistreicher Frauen umringt, die ihm, durch Liebe und Freundschaft verbunden, ein unvergängliches Geleit geben.

OTTO R. GERVAIS

DIE
FRAUEN
UM
FRIEDRICH
DEN
GROSSEN

ISBN: 3-7023-0188-7

Im Format 13,8 × 21 cm, Umfang 562 Seiten,
mit 16 Schwarz-Weiß-Abbildungen, Einband Efalin.
Ladenpreis: DM 29,80

Ein klar umrissenes Bild von den Beziehungen des großen Preußenkönigs zu den Frauen läßt die überragende Gestalt dieses Herrschers und sein schicksalhaftes Wirken auf Mit- und Nachwelt ganz erfassen.

BERGLAND
Handels- und Verlagsges.m.b.H.
A-5020 Salzburg, Innsbrucker Bundesstr. 46, Tel. 0662/39 8 95-96
Verlagsauslieferung: VVA, Gütersloh

DER GROSSE MUSIK- FÜHRER

IN FÜNF BÄNDEN

Für den Musikliebhaber die Welt der abendländischen Musik lebensnah beschrieben, lexikalisch überschaubar – Musikgeschichte in völlig neu konzipierter Darstellung!

Jeder Band enthält über 1000 Biographien, zirka 750 Seiten, 200 Schwarzweißabbildungen, 40 Farbbilder.
Format 17x24 cm, Efalin in Kartonschuber,
je Band DM **49,80**

Band 1:
ALTE MUSIK

Biographien und Werkanalysen aus 2500 Jahren erschließen alle Epochen der alten Musik. Ausgehend von den orientalischen Wurzeln der abendländischen Musik bis zur Blüte der Renaissance.

Band 2:
BAROCK-MUSIK

Mit den unmittelbaren Nachfolgern Monteverdis beginnend, werden über 1100 Komponisten der Barockzeit bis hin zum Vollender, Johann Sebastian Bach, vorgestellt.

Band 3:
MUSIK DER KLASSIK

Die Stilentwicklung der Musik der Klassik wird in der Vielfalt ihrer Strömungen, ihrem Zusammen- oder Gegenwirken aufgezeigt, die Komponisten, die das Musikgeschehen dieser Zeit profilierten, eingehend vorgestellt.

Band 4:
MUSIK DER ROMANTIK

Das 19. Jahrhundert der Musik und ihr Ausklang in der ersten Hälfte des 20. Jahrhunderts wird anhand von über 1200 Komponisten und zahlreichen Werkanalysen bis hin zum Beginn der Polytonalität und Atonalität deutlich gemacht.

Band 5:
MUSIK DES 20. JAHRHUNDERTS

Zahlreiche Versuche, die einstmals überschaubaren disziplinären Grenzen zu durchbrechen, werden am Beispiel wichtiger Komponisten und anhand ihrer Werke aufgezeigt, die Entwicklung der »Neuen Musik« verständlich gemacht.

Es gibt nichts Vergleichbares auf dem deutschen Buchmarkt. Denn was an Informationen, Fotos in Schwarzweiß und Farbbildern zwischen 750 Seiten jedes einzelnen Bandes steckt, ist eine einmalige Leistung. Muß man sonst eine musikgeschichtliche Weltreise unternehmen, um in großen Museen die Kunstschätze aufzusuchen, so hat der Kiesel Verlag in Salzburg hier diese Weltreise für unseren Bücherschrank ediert. *Buchhändler heute 2/86*

BERGLAND Handels- und Verlagsges.m.b.H.
A-5020 Salzburg, Innsbrucker Bundesstr. 46, Tel. 0662/39895-96
Verlagsauslieferung: VVA, Gütersloh